자기암시

자기암시(개정 2판)

개정 2판 1쇄 펴낸날 | 2023년 9월 25일

지은이 | 에밀 쿠에
옮긴이 | 김동기·김분
펴낸이 | 이종근
펴낸곳 | 도서출판 하늘아래

주소 | 경기도 고양시 일산동구 하늘마을로 57-9 302호
전화 | 031- 976-3531
팩스 | 031- 976-3530
이메일 | haneulbook @ naver.com

등록번호 | 제300-2006-23호

자기암시는 어떻게 우리의 몸과 마음을 치유할 수 있을까

자기

AUTOSUGGESTION

암시

하늘
아래

일러두기

이 책은 『Self Mastery Through Conscious Autosuggestion』를 주 원서로 번역했으며, 독일어로 출간된 판본 『Die Selbstbemeisterung durch bewusste Autosuggestion』을 참조했다. 에밀 쿠에의 책들은 원래 소책자나 팸플릿, 강연록, 편지 등, 다양한 형식의 글들을 묶은 형태여서, 원서를 그대로 번역한 것이 아니라 필요에 따라 발췌, 재편집했다.

| 차례 |

1부

상상은 언제나 의지를 이긴다

2부

몸을 치유하고 마음을 변화시키는 자기암시법

단순한 것을 선택하라!

단순한 것은 때때로 단지 단순하기 때문에 신뢰받지 못하곤 한다. 대부분의 사람들은 어떤 이론이 신뢰와 설득력을 갖기 위해서는 그 근거와 인과 관계를 논리적으로, 가능하면 길게 설명할 수 있어야 한다고 생각한다. 하지만 대개의 경우 진리는 단순하다. 누구나 이해할 수 있고 쉽게 실행할 수 있다. 그렇지 않다면 진리는 소수의 사람들을 위한 특별한 것이 될 테고, 그렇게 소수화된 것은 평범한 사람들에게 적용되는 보편적인 것이라 할 수 없기 때문이다.

자신의 삶을 변화시키는 에밀 쿠에의 방법은 간단하다. 그의 이론은 한 마디로 요약된다.

"상상하라. 그러면 이루어질 것이다."

단, 한 가지 조건이 있는데 그것은 '의심하지 않고 상상하는 것'이다.

의심하지 않고 상상하는 것은 아주 쉬운 일 같지만 그렇지는 않다. 우리 뇌의 수많은 이성적인 판단들이 상상을 논리의 틀에 가두고 수많은 이유를 대면서 상상을 방해하기 때문이다. 의심하지 않으려고 의지를 세워 노력하면 할수록 더욱 그렇다. 의심하는 자의 마음은 예수님도 열지 못한다. 그는 자신의 능력을 의심하는 고향 동네에서는 이적을 일으키지 못했다. 또한 병을 고쳐준 환자에게는 이렇게 말했다.

"네 믿음이 너를 구원했다."

에밀 쿠에는 상상과 의지가 맞서면 반드시 상상이 의지를 이긴다고 말한다. 왜냐하면 상상은 거대한 힘을 가진 무의식에서 일어나는 것이기 때문이다. 그래서 내 의지가 아무리 의식적으로 오른쪽으로 가겠다고 해도, 상상이 '그럴 수는 없을 걸. 어차피 왼쪽으로 가게 될 거야'라고 하면 상상이 이끄는 대로 왼쪽으로 가게 된다는 것이다. 상상이 의지를, 무의식이 의식을 이기는 것이다.

에밀 쿠에의 이론은 현대의 심리학자나 정신의학자들에 의해 과학적으로 증명되고 있다. 정신과의사이자 심리학자인 어거스트 큐리는 '자동적으로 일어나는 생각을 감독할 줄 모르면 결국 스스로가 만든 감옥에 갇히고 만다. 우리는 자유롭게 사는 것 같지만 사실은 수많은 사람들이 자신의 감옥에 갇혀 살고 있다'고 말한다. 따라서 자동적으로 일어나는 생각을 감독 혹은 통제하지 못하면 결국 마음의 감옥에 갇히고 만다고 역설한다. 자동적으로 일어나는 생각이란 바로 무의식이 끊임없이 일으키는 생각, 혹은 상상이다.

현대의 심리학자들이나 정신의학자들은 무의식과 의식의 흐름 등이 우리 삶에 강력한 지배력을 행사하고 있음을 강조한다.

의식적 자아를 무대 위에 올라선 배우라고 한다면 무의식적 자아는 그 배우를 조종하는 강력한 목소리인 것이다. 따라서 의식적 자아가 제대로 생각하고 활동하지 않으면 강력한 목소리를 가진 무의식적 자아는 끊임없이 '그만 무대에서 내려와 객석에 편안히 앉으라'고 유혹한다. 그런 생각에 지면 결국 무의식이 의식을 지배하게 되는 것이다.

오늘날은 이런 이론들이 받아들여져서 마음이나 뇌를

다룬 연구서들이 넘쳐나고 있다. 그들은 하나같이 마음 다스리기, 생각 감독하기, 뇌 통제하기 등의 훈련을 하면 인생이 달라진다고 말한다. 모두 '끊임없이 변화하는 마음에 끌려다니지 말고 생각을 지배하라' 같은 말을 하고 있는 것이다.

에밀 쿠에의 권유는 이들과 비슷한 듯하면서도 다르다. 그는 의식적인 노력이나 의지를 통해서 생각을 바꾸려 하지 말고 아예 무의식을 길들여 자신이 원하는 바를 성취하라는 것이다. 의식적으로 생각하지 않아도 무의식이 자연스럽게 '변화되고 있다, 강해지고 있다. 낫고 있다. 성공한다'고 생각하고 스스로에게 명령하게 만들라는 것이다. 언제나 무의식이 의식을, 상상이 의지를 이기기 때문이다.

그래서 그는 매일 스스로에게 이렇게 말하라고 한다.

"나는 날마다, 모든 면에서, 점점 더 좋아지고 있다."

그러면 이 말은 자기암시로 무의식에 각인되어 뇌에 명령을 내리고 뇌는 그 명령에 따라 삶의 모든 것을 움직인다는 것이다.

이 단순한 자기암시가 무엇인가를 이룬다는 것을 믿기 어렵다. 그러나 이것은 말이 이룬다기보다는 말을 통해 자신의 의식과 무의식을 그렇게 되는 쪽으로 이끈다고 하는 것이 더 옳을 것이다.

자기암시는 마술이 아니다. 말만 하면 아무것도 하지 않아도 요술방망이를 두드리는 것처럼 모든 것이 바로 눈앞에서 이루어진다는 뜻이 아니다. 자기암시를 통해 무의식을 길들이면 그 무의식은 원래 가지고 있는 무한한 힘을 발휘해 온 몸의 기관과 의식을 원하는 쪽으로 이끌어 간다. 즉 자기암시를 통해 무의식의 힘을 이용하는 것이다.

마음의 힘, 믿음의 힘, 긍정의 힘은 이미 많은 사람들이 그 위력을 인정하고 있다. 그러나 에밀 쿠에의 자기암시와 이런 주장들의 결정적 차이는 의지를 가지고 긍정적이 되려고, 믿음을 가지려고 노력하는 것이 오히려 무의식의 힘을 약화시킨다는 것이다. 이러한 노력은 무한한 상상을 방해하고 무의식이 발휘하는 힘을 무력화시키며, 결국 원했던 것과는 정반대의 결과를 얻게 한다.

쿠에는 상상이 힘을 발휘하려면 의지를 가지고 노력하지 않아야 한다고 말한다. 왜냐하면 의지를 가지고 상상을 하려고 노력하면 무의식은 또 다른 나를 내세워 그 상상의 터무니없음을 비웃기 때문이다. 또한 의지적 노력에 대한 강한 의심을 불러일으키면서 그와는 정반대의 결과를 더욱 선명하게 부각시킨다. 우리의 마음은 처음에 의욕적이었던 상상의 힘을 잃고 그 무의식이 불러일으키는 두려움과 의심을 따라간다. 그리고 마음의 힘은 결국 우리가 의지적 상상으로 그렸던 것과는 전혀 다른 결과를 나타내는 것이다.

이것이 어떻게 상상이 늘 의지를 이기는가와, 왜 강한 의지를 가지고 시작한 일들이 번번이 실패하는가에 대한 쿠에의 답변이다. 의지가 실패를 반복하면 무의식은 자신을 아주 나약한 존재로 인식하게 해서 결국은 의지박약의 인간으로 스스로를 폄하하게 만든다.

의식적으로 노력하지 말고 상상하라는 것은 물리적으로 아무런 노력을 하지 말라는 뜻이 아니라 물 흐르듯이 자연스럽게 무의식에 주입하라는 것이다. '나는 날마다, 모든 면에서, 점점 더 좋아지고 있다'를 반복함으로써 말이다. 그리고 그 다음의 모든 일은 무의식에 맡기면 되는 것이다.

결국 중요한 것은 자기 자신 속에 숨겨진 힘을 믿는 것이다. 에밀 쿠에의 이론은 단지 자신에게 숨어 있는 능력을 드러내라고 말해주는 목소리에 지나지 않는다. 자기암시는 그 힘을 끌어내는 하나의 기술일 뿐이다.

에밀 쿠에의 이론은 인간의 능력에 대한 옛사람들의 오래된 통찰력을 확인하는 것일 뿐 새로운 것도, 특별한 것도 아니다.

다음의 아주 오래된 인도 신화는 바로 그 점을 잘 이야기해주고 있다.

어느 날 천상에서 신들의 회의가 열렸습니다. 인간들의 행태가 심상치 않았기 때문입니다.

신들이 자신의 형상대로 만들어낸 인간은 감히 신에 범접할 수 없는 피조물이었지만 그들에게는 신들이 부여한 비상한 두뇌가 있었습니다.

그들의 두뇌와 능력은 점점 똑똑해지고 강해져서 어느새 신들의 능력을 위협할 정도가 되었습니다. 이제 신들과 인간의 사이를 가르는 가장 큰 능력 하나가 인간의 손에 들어간다면 인간들은 신과 같은 무소불위의 힘을 발휘하게 될 것이었습니다.

신들은 이 능력을 인간의 손이 닿지 않는 곳에 숨겨야 했습니다. 그러나 아무리 높은 하늘 위라도 아무리 깊은 바닷속이라도 인간들은 수단과 방법을 가리지 않고 찾아낼 것이 분명했습니다.

신들은 고민의 고민을 거듭했습니다. 세상 어디에도 인간의 눈을 피해 그 능력을 숨길 곳은 없는 것 같았습니다.

그러나 마침내 신들은 '그곳'을 찾아냈습니다. 그리고 비로소 회심의 미소를 지었습니다. 절대로 인간들이 찾지 못할 신비한 곳이라고 생각했기 때문이었습니다.

신들이 찾아낸 신비한 장소, 그곳은 바로 인간의 마음속이었습니다.

우리 모두가 할 수 있는
가치 있는 일

1920년 9월 어느 날 나는 〈암시와 자기암시〉라는 책을 처음 보았습니다. 제네바에 있는 루소 연구소의 교수인 샤를 보두앵(Charles Baudoin)이 쓴 책이었습니다. 보두앵 교수는 그 책에 '자기암시법의 창시자인 에밀 쿠에 선생님께 감사하며 이 책을 바친다'고 썼습니다.

나는 그 책을 단숨에 읽었습니다. 에밀 쿠에의 연구는 모든 사람들을 대상으로 하기 때문에 식상해 보일 수 있었지만 실제로 행할 수만 있다면 효과가 있을 것 같았습니다.

에밀 쿠에는 암시 이론의 아버지인 리에보(Liebeault)의 연구와 실험을 20년 간 진행하고 있었고 경이로운 자기암시의 힘을 밝혀왔습니다. 그는 피시술자들과의 수많은 실험을 통해 무의식이 신체 장기에 어떤 작용을 하는지를 보여주었습니다. 그의 방식은 치료가 불가능한 병으로 고통 받는 환자들과 희망을 잃어버린 이들에게 새로운 치료법의 가능성을 열어주었습니다.

다음은 자기암시법의 설명입니다.

자기암시는 잠자리에 들기 전과 아침에 바로 눈을 뜬 직후가 가장 효과적이다.

자기암시를 할 때는 두 눈을 감고 차분한 목소리로 천천히 반복적으로 말한다.

매일 저녁 잠자리에 누워 잠들기 전, 그리고 아침에 눈을 뜨고 일어나서 편안한 자세로 근육을 이완시키고 다음과 같이 반복해서 말한다.

"나는 날마다, 모든 면에서, 점점 더 좋아지고 있다."

마치 묵주기도를 할 때처럼 긴 끈에 스무 개의 매듭을 만들어서 말을 할 때마다 하나씩 세어 가면서 암송하면 도움이 된다.

특별히 어떤 것이 좋아진다는 것에 신경을 쓰지 말고,

예를 들어 지금 겪고 있는 질병이나 해결해야 할 문제 등을 구체적으로 떠올리지 말고 전반적으로 '모든 것이 좋아진다'고 생각하며 집중하여 반복한다. 그러면 무의식은 그 말을 기억하고 모든 면에서 전반적으로 그 효과가 일어난다.

자신이 원하는 것을 반드시 이룰 수 있다는 믿음과 자신감, 확신을 가지고 반복적으로 자기암시를 한다.

"나는 날마다, 모든 면에서, 점점 더 좋아지고 있다."

자기암시에 대한 믿음이 강할수록 원하는 결과 역시 확실하고 빠르게 나타날 것이다.

때와 장소, 기분 등에 상관없이 반복적으로 암시하고, 몸이나 마음에 이상이 느껴지면 그 즉시 그런 증세가 없어질 것이라는 확고한 믿음을 가지고 스스로에게 암시하라. 그러면 그 증세는 곧 사라질 것이다.

쿠에는 자기암시를 할 때 어떤 의지도 개입시키지 않았습니다. 의지가 아니라 상상을 이용해야 한다고 말했습니다. 상상은 강력한 동기로 자극을 받으면 더욱 활발해집니다.

훌륭한 상담가는 '항상 자신감 가지세요. 모든 것이 좋아지진다고 굳게 믿으세요'라고 말합니다. 이 말을 믿고 인내하면서 행하면 그렇게 될 것입니다.

자기암시법은 놀라운 효과를 보여주었습니다. 장염에서부터 말더듬이, 신경증 환자, 수술 환자, 종양을 치료하는 데에 이르기까지 모두 엄청난 효과를 발휘했습니다.

에밀 쿠에는 가장 최근의 사례로 폐결핵 말기의 환자를 들었는데 서른 살인 이 주부는 완치 후 아이를 낳고 재발 없이 건강하게 지내고 있으며, 의사가 완치 사실을 확인했다고 했습니다.

이런 치료 사례들은 기적이라고 할 수 있습니다. 의술로 낫지 않는 질병들이기 때문입니다. 특히 폐결핵의 치료 사례는 내게 계시를 주는 듯했습니다. 나는 지난 2년 간 안면 신경증으로 인해 끔찍한 통증을 겪었습니다. 의사가 치료 방법이 없다고 했기 때문에 자포자기한 상태였으며 이런 좌절감이 상태를 더 악화시키고 있었습니다. 방법이 없다는 말은 최악의 암시였습니다.

하지만 산을 들어 옮길 수 있다는 믿음을 가지고 에밀 쿠에의 자기암시 구절인 '나는 날마다, 모든 면에서, 점점 더 좋아지고 있다'를 나직하게 읊조렸습니다. 그러던 어느 날 나는 갑자기 외투와 목도리를 벗어던지고 비바람이 부는 정원으로 나갔습니다. 그리고 천천히 반복했습니다.

"나는 나을 것이다. 신경증은 없어질 것이다. 없어질 것 이다. 그리고 다시는 걸리지 않을 것이다."

다음 날 신경증은 사라졌고 이후에도 재발되지 않았습 니다. 그간 말 못할 고통을 겪으면서 집 밖으로 나오지도 못 하는 생활을 해온 나로서는 기쁨으로 날아갈 듯했습니다.

내 말을 믿지 못하는 사람들은 신경성이라 사라진 것이 라고 할지도 모릅니다. 그렇다면 이런 이야기는 어떨까요? 나는 다시 자기암시를 시작했습니다. 안면신경증 외에도 신 장염으로 내 왼쪽 발목이 부어 있었기 때문입니다. 하지만 자기암시를 하고 이틀이 지나자 나을 가망이 없다고 했던 부종이 사라졌습니다. 나는 만성피로와 우울증에도 자기암 시를 시도했고 놀랄 만한 효과를 봤습니다. 그러고 나자 은 인인 에밀 쿠에를 만나 꼭 감사의 말을 전하고 싶었습니다.

나는 낭시(Nancy)로 갔습니다. 에밀 쿠에는 겸손하고 정 직한 인품을 가진 사람이었고 첫 만남 이후 내 가장 소중한 친구가 되었습니다.

나는 그가 직접 자기암시를 행하는 진료소에도 가 보았고 그의 강연회에도 초대받았습니다. 자기암시로 병이 나은 사람들이 하는 감사의 말들을 그의 곁에서 직접 들을 수 있었습니다. 폐에 외상을 입은 사람, 장기가 뒤틀린 사람, 척추에 병이 있는 사람 등, 각종 병을 앓았던 환자들은 쿠에의 치료로 이미 다 회복된 상태였습니다. 몸이 뒤틀리고 꼬인 상태로 의자에 앉아 있던 마비 환자도 자기암시를 시행한 후 자리에서 일어나 걸을 수 있었습니다.

암시 치료를 하기 전에 쿠에는 자신감을 갖고 그 자신감으로 몸과 마음을 꽉 채우라고 말했습니다.

"스스로 낫는 법을 배워야 합니다. 당신은 그렇게 할 수 있습니다. 나는 아무도 치료한 적이 없습니다. 힘은 당신 안에 있습니다. 정신을 모아 그 힘을 신체적 · 정신적으로 바람직한 일에 쓰세요. 그러면 힘이 모여 좋지 않은 곳을 치료할 것입니다. 당신은 강해지고 행복해질 겁니다."

쿠에는 이렇게 말하고 나서 마비 환자에게 다가갔습니다.

"걸을 수 있다고 믿습니까?"

"네!"

"좋아요, 그럼 일어나세요."

환자는 그 자리에서 일어나더니 강연장 안을 한 바퀴 돌았습니다. 기적이 일어난 것입니다.

폐의 외상이 치료된 여성은 다시 직장에 나가 정상적인 생활을 할 수 있어서 기쁘다고 말했습니다.

쿠에를 세 번 방문하고 휘어진 척추가 곧게 펴진 소녀는 그동안 자신이 무기력하다고 생각했는데 지금은 얼마나 행복한지 모르겠다며 활짝 웃었습니다.

그는 돈에 개의치 않았으며 치료비도 받지 않았습니다. 내가 '선생님께 빚을 졌습니다'라고 하자, '아닙니다. 저는 다만 당신이 치료됐다는 것이 기쁘고 계속 자기암시를 잘 해나가기를 바랄 뿐입니다'라고 말했습니다.

나는 이 순수한 박애주의자에게 매료되었습니다. 우리는 서로 손을 잡고 정원을 걸었습니다. 정원은 그가 매일 아침 일찍 일어나 마음을 갈고 닦는 곳이었습니다.

그는 이렇게 말했습니다.

"우리의 마음속에는 무한한 힘이 내재되어 있습니다. 우리는 이 힘을 길들이는 방법만 알면 됩니다.

상상은 고삐를 채우지 않은 말과 같습니다. 그런 말이

마차를 몰면 엉뚱한 방향으로 질주하다가 당신을 죽음으로 몰고 갈 수도 있습니다. 하지만 마구를 갖추고 몰면 당신이 가고자 하는 방향으로 달려갈 수 있습니다. 마음은 상상하기 나름입니다. 따라서 우리에게 바람직한 쪽으로 다루어져야 합니다.

입술을 움직여 자기암시를 걸면 무의식은 이것을 명령으로 받아들입니다. 그리고 우리가 인식하지 못하는 사이, 특히 모두가 잠든 한밤중에 명령을 수행합니다. 그래서 밤에 실행하는 자기암시가 가장 중요합니다. 자기암시의 결과는 놀랍습니다. 신체에 통증을 느낀다면 그 통증이 '사라진다'는 말을 매우 빨리, 단조로운 목소리로 반복하십시오. 아픈 곳이 있으면 그곳에 손을 얹고, 정신적으로 괴롭다면 이마에 손을 얹고 말하면 됩니다.

자기암시는 특히 마음에 효과적으로 작용합니다. 그래서 환경적인 어려움에 부딪혔을 때도 마음의 도움을 요청할 수 있습니다. 내 경험으로 볼 때 이런 과정을 통해 큰 변화를 얻을 수 있습니다."

오늘 이 글을 읽고 당신이 자기암시에 흥미를 느꼈다면

샤를 보두앵의 책이나 쿠에의 소논문 〈자기통제〉를 읽으면 보다 많은 것을 알게 될 것입니다. 그러면 내가 그랬던 것처럼, 자신을 펼치며 예수의 가르침대로 이웃을 사랑하는 이 유일무이한 사람을 사랑하게 될 것입니다.

내가 병에서 치유되었듯이 당신도 신체적·정신적으로 좋아질 것이며 보다 아름다운 인생을 펼칠 수 있을 것입니다. 이 일은 아주 가치 있는 일이 될 것입니다.

_ 버넷 프로뱅(Burnet Provins)

신이 부여하신 은혜와 혜택을
거부하지 않기를……

쿠에는 피곤에 지쳐서 불만을 토로하는 사람에게 항상 이렇게 말한다.

"저도 그렇습니다. 환자들을 치료하다 보면 피곤한 날도 있지요. 하지만 저는 환자들을 언제나 똑같이 대합니다. 피곤해서 어쩔 수 없다고 하지 마세요. 인간은 누구나 자신을 이겨낼 수 있습니다."

피곤하다는 생각은 반드시 피곤을 부른다. 어떤 일을 해내겠다고 하는 의식이 있으면 그만큼 필요한 힘이 나오는 법이다. 우리의 마음은 동물적인 본성을 다스릴 수 있고, 또 그렇게 해야만 한다.

"하루에 두세 번 자신에게 확실하게 말하세요. '나는 걷지 못할 만큼 약하지 않아. 나는 할 수 있어. 나는 날마다, 모든 면에서, 점점 더 좋아지고 있다' 우리가 상상하고 생각하는 것은 모두 현실이 됩니다. 따라서 생각이 잘못된 방향으로 나아가지 않도록 해야 합니다."

"제가 한 말이 맞지요. 통증이 사라졌으니 이젠 아프지 않다고 생각하세요. 다시 통증이 올 거라거나, 올지도 모른다고 생각하지 마세요."

"사람이 나이가 들수록 강해진다는 말은 모순 같지만 진실입니다."

"예전에 자기암시를 잘못한 이유는 무의식적으로 했기 때문입니다. 이제 제가 알려드린 방법대로 하세요. 더 이상 그런 일이 생기지 않을 겁니다. 그래도 계속 잘못된 자기암시를 하게 된다면 그건 오직 자신 탓입니다. '내 탓이오, 내 탓이오' 이렇게 말해야 합니다."

에밀 쿠에는 우리 안에 건강과 행복을 이루는 힘이 있다는 사실을 알기 쉽게 가르쳐 주었다. 우리 모두가 이런 능력을 타고난 것이다.

따라서 무엇보다도 스스로 만들어내고, 촉진하고, 강화시킨 모든 고통의 원인을 제거하고 '너 자신을 알라'는 소크라테스의 명언과 '신이 내게 부여하신 그 어떤 은혜와 혜택도 거절하지 않게 되기를……'이란 포프의 격언을 실천해야 한다. 자기암시가 주는 혜택을 온전히 받아들여 내 안에 품어야 한다.

에밀 쿠에는 밤낮을 가리지 않고 모든 시간과 재산을 투자하고 인생을 헌신했는데도 자신은 아무것도 한 게 없다고 말한다. 또 너무 겸손해서 이 글이 이대로 출간되는 걸 거절할지도 모른다. 하지만 그런 생각을 받아들여서는 안 된다.

우리 모두 에밀 쿠에의 도움을 받아 우리가 타고난 힘을 깨우고 키워서 건강하고 행복한 삶을 살아가야 한다.

쿠에는 강연 입장료를 전쟁으로 부상당한 장애인들과 고통을 당하고 있는 이들을 위해 쓰고 있음을 밝혀 둔다.

_ 샤를 보두앵(Charles Baudoin)

에밀 쿠에에게 전하는
감사의 말들

선생님이 알려 주신 이 치료법에 대해 진심으로 감사의 마음을 전합니다. 저에게는 마치 요정이 마술지팡이로 마술을 부리는 것처럼 아주 간단한 방법으로 기적 같은 일들이 계속 일어나고 있습니다. 저는 이제 자기암시의 열광적인 지지자가 되었습니다.

_ 바셰 박사, 1920년 5월, 프랑스 벵센느(Vincennes)

저는 처음부터 많은 것을 기대하고 선생님께 왔습니다. 그러나 제가 얻은 것은 기대 이상이었습니다.

_ 몬터규 S. 모니에-윌리엄스, 의학박사, 영국 런던

선생님은 저를 기억하실지 모르겠지만 저는 선생님이 제 인생에서 가장 고마운 분이라고 여기고 있습니다. 저는

매일 자기암시를 실천하고 있으며 하루하루 좋아지고 있습니다. 자기암시를 실천하며 제 자신을 다스릴 수 있게 되었을 뿐 아니라 점점 건강해지고 있음을 느낍니다.

_ Mm. M..., Cosson-Saint-Brieue

'자기통제'란 제목의 선생님의 팸플릿은 아주 강한 주장과 실례를 담고 있습니다. 의지를 상상으로 대체하는 것은 정말 훌륭한 성과라고 생각됩니다. 훨씬 단순하면서도 설득력이 있습니다.

_ A. F. 프랑스 레미레몽(Reimiremont)

당신이 내게 베풀어준 훌륭한 치료에 대해 감사의 말씀을 드리지 않을 수 없군요. 자기암시는 나를 긍정적으로 변화시켰고 지난 몇 년간 경험했던 것과 비교해 지금은 훨씬 좋아지고 있습니다. 병으로 인한 증세가 점점 사라져 가고 있습니다. 그 끔찍한 증세들이 나타나는 빈도가 점점 줄어들고 있는 것이죠. 신체의 모든 기능들이 이제 정상적인 활동을 하고 있습니다. 그 결과, 전에는 계속 마르고 수척했는데 몇 년 동안 살이 붙고 몸무게도 늘었습니다. 쿠에치료법을 찬양하지 않을 수 없습니다.

_ L., 프랑스 칸느(Cannes)

에밀 쿠에는 인간의 영혼을 꿰뚫어보는 방법을 통하여 의식적 자기암시를 기초로 한 심리요법을 찾아냈습니다. 의지와 상상을 연관시켜 상상을 이끄는 법을 알아낸 그는 사람들에게 자신감을 심어주고 정신적인 힘을 열 배 이상 성장시키도록 도왔습니다.

_ P.R. 박사, 독일 프랑크푸르트

나는 선생님의 자기암시법을 많은 사람들에게 추천을 했고 이 방법을 통하여 대부분의 사람들이 많은 혜택을 보았습니다. 내가 다시 한번 이 방법에 관하여 곰곰이 생각하면 할수록 그 효과에 관하여 한층 더 놀라지 않을 수 없습니다. 그야말로 우리 내면에 잠자고 있는 무한한 능력을 잘 활용한다면 우리가 우리의 운명을 만들어 나가는 주인이 될 수 있더군요.

_ P. F., 호주 캔리 베일

Day by day, in Everyway, I am getting better and better

나는 날마다, 모든 면에서, 점점 더 좋아지고 있다

상상은
언제나
의지를
이긴다

1부

인간의 능력 중에 가장 중요한 것은

의지가 아니라 상상이다.

의지를 훈련시켜야 한다고 주장하는 것은

큰 실수를 범하는 것이다.

의지가 아니라

상상을 다루는 법을 배워야 한다.

우리 안에 숨어 있는
무한한 능력, 자기암시

Day by day, in Everyway, I am getting better and better

자기암시라는 말은 친근함과 낯설음을 동시에 지니고 있다. 언뜻 듣기에는 낯설게 느껴지지만 그렇다고 그 의미를 전혀 알 수 없거나 전혀 생소한 것은 아니다. 이렇게 생소하지 않은 친근함은 자기암시가 인류의 역사만큼이나 오랫동안 우리 주변에 존재하고 있었기 때문이고, 그럼에도 낯선 느낌을 받게 되는 까닭은 자기암시의 개념이 제대로 연구되지도 않은 데다가 그마저도 왜곡되어 알려졌기 때문이다.

사실 자기암시는 그것을 인식하든 못 하든 인간이라면 누구나 태어날 때부터 지니고 있는 도구이며, 그 도구는 신비하고도 무한한 힘을 가지고 있다. 그런데 그 힘은 어떻게 사용하는가에 따라 최상의 결과를 가져올 수도 있고 최악의 결과를 낳을 수도 있다. 최고의 결과와 최악의 결과를 결정하는 것은 이 힘 자체가 아니라 사용하는 이의 기술에 달려 있다. 따라서 자기암시라는 도구의 본질을 이해하고 그것이 가진 힘을 이용하는 기술을 습득하는 것은 아주 중요하다. 그것으로 인해 우리 자신의 인생이 전혀 다른 방향과 방식으로 전개될 수 있기 때문이다. 특히 환자를 치료하는 의사나 교육계, 법조계에 종사하는 사람들에게는 더욱 중요하고 꼭 필요한 기술이라고 할 수 있다. 이 자기암시의 힘을 통해 자신뿐 아니라 다른 이들도 최선의 방향으로 인도해 줄 수 있기 때문이다.

자기암시의 힘을 제대로 이해하고 바르게 수행할 수 있는 기술을 습득하게 되면 두 가지 면에서 큰 변화를 일으킬 수 있다. 하나는 자신도 모르는 사이에 일으킨 자기암시로 인하여 일어날 수 있는 끔찍한 상황을 피할 수 있는 것이고, 다른 하나는 이에서 더 나아가 그 잘못된 상황을 좋은 것으로 역전시킬 수 있다는 것이다.

우리는 자신도 인식하지 못하는 사이에 온갖 부정적인

자기암시로 육체적인 건강은 물론이고 정신 건강에 부정적인 영향을 주고 있으며, 그로 인하여 선택할 수 있는 수많은 좋은 기회들을 잃고 다시 방황과 잘못된 선택을 거듭하는 연쇄적인 고통을 겪곤 한다. 자신도 모르는 사이에 부정적인 자기암시에 희생되고 있는 것이다. 자기암시를 제대로 이해하고 그 힘을 바르게 사용한다는 것은 이런 부정적인 연쇄 고리를 끊고 진정으로 자신이 원하는 길로 나아가게 하는 절대적인 힘을 얻게 된다는 뜻이며, 더 나아가 여전히 잘못된 길에서 헤매고 있는 다른 이들을 도와 바른 길로 안내할 수 있는 능력을 갖게 된다는 의미이기도 하다.

존재하지만 무시되는 또 하나의 자아, 무의식

자기암시라는 천부적인 힘을 제대로 사용하기 위해서는 우선 이것에 대한 올바른 이해가 필요하다.

인간은 누구나 전혀 상반된 두 개의 자아를 가지고 있다. 곧 의식과 무의식이다. 우리는 대부분 이 두 자아에 대해 알고는 있지만 한 존재를 일방적으로 무시하곤 한다. 말

그대로 무의식은 평소에 의식되지 않기 때문이다. 그러나 엄연히 존재하는 이 무의식적 자아는 뜻하지 않은 상황에 부딪히거나 의식으로 통제할 수 없는 상황이 되면 그 실체를 분명하게 드러내곤 한다.

누구나 한번쯤은 들었을 법한 이야기들이 있다. 이를테면 여전히 잠이 든 상태에서 일어나 침대에서 걸어 나와 자신이 낮에 다 마치지 못한 일을 다 해놓거나, 이리저리 걸어 다니다가 다시 자기 방에 돌아와 조용히 잠자기를 계속하는 몽유병 환자의 이야기 같은 것들이다. 이들은 아침에 일어나 자신이 해놓은 일이나 걸어다닌 자취를 보며 경악하지만 자신이 한 행동을 전혀 기억하지 못한다. 그것은 곧 아무런 의식이 없는 상태에서 움직였다는 것을 뜻한다.

그렇다면 도대체 어떤 힘이 잠든 사람의 몸을 움직인 것인가.

전혀 다른 형태를 보이는 이야기도 있다.

술에 취해 일시적으로 망상을 일으키는 사람의 경우다. 그런 사람들은 마치 전혀 딴사람인 것처럼 주변의 물건들을 던지거나 해서 사람들에게 상처를 입히거나, 흉기만을 골라 마구잡이로 휘두르다 자해를 하기도 한다. 그리고는 술이 깨고 정신이 든 후에는 자신의 모습과 주변에 펼쳐진 광경을 보고 누구보다도 끔찍해 한다. 역시 그 자신은 자신이 한 일을 전혀 의식하지 못했기 때문이다.

이 불행한 사람들을 움직인 힘은 무엇인가. 얌전한 몽유병자를 움직인 힘과는 전혀 다른 것인가.

그렇지 않다. 이 두 사람을 움직인 힘은 같은 것이며 그 누구의 것도 아닌 바로 자신 속에 숨겨진 또 하나의 자아, 무의식의 힘이다.

우리의 일반적인 생각과는 달리 의식적 자아는 불안정해서 경험한 많은 것들을 잊어버리는 반면, 무의식적 자아는 우리의 삶 속에서 일어난 온갖 작고 하찮은 사건들과 생각들까지도 빠짐없이 뚜렷하게 기록하고 기억한다. 더구나 무의식은 거름 장치도 없어 어떤 것이든 판단하지 않고 들리는 대로 보이는 대로 받아들인다. 무의식은 우리 신체의 모든 기능을 조정하는 뇌와 연관되어 있다. 그래서 때로는 모순된 반응들이 나타나기도 한다. 신체의 어떤 부분이 나쁘거나 아프다고 믿거나 그런 느낌을 갖게 되면, 실제로는 아무 이상이 없는 그 신체 부위에 실제로 문제가 생기도록 만든다는 것이다.

의지가 강하면 정반대의 결과를 얻는다

'의지'라는 단어의 사전적인 뜻은 어떤 일을 이루고자 하는 마음, 심리학에서는 선택이나 행위의 결정에 대한 내적이고 개인적인 역량이라고 되어 있다. 의지에 대한 이런 사전적 풀이가 잘못된 것은 아니지만, 실제에 있어서는 이처럼 잘못된 생각이 없다. 왜냐하면 의지는 늘 상상에게 밀려나기 때문이다. 이것은 한 치의 예외도 없는 절대적인 법칙이다.

많은 사람들이 비웃으며 '그럴 리가 없다!'고 단언할 테지만 이것은 분명한 진실이다.

선입견을 버리고 주위의 것들을 제대로 이해하려고만 한다면 내 말이 거짓이 아니라는 것을 금방 깨닫게 될 것이다. 망상에 빠진 사람의 헛소리가 아니라 실재하는 사실이라는 것을 곧 알게 될 것이다.

땅바닥에 폭이 한 30센티미터쯤 되고 길이가 10미터쯤 되는 널빤지가 놓여 있다고 가정해보자. 누구나 이 널빤지의 한 쪽 끝에서 다른 쪽 끝까지 쉽게 건너갈 수 있다. 그럼 실험의 조건을 바꾸어 보자. 널빤지는 이제 높은 빌딩 옥상에서 다른 빌딩의 옥상으로 걸쳐져 있다고 가정해보자. 감히 누가 이 널빤지 위를 걸을 수 있을까? 두 걸음도 못 가서 다리가 후들거리고 아무리 '의지'를 가지고 용기를 낸다 하더라도 결국에는 땅으로 떨어질 것이다.

왜 땅에 있는 널빤지에서는 걸을 수 있는데 공중에 떠 있는 널빤지에서는 떨어지는가. 널빤지의 폭에는 변화가 없는데도 말이다. 이유는 간단하다. 널빤지가 땅바닥에 놓여 있을 때는 끝까지 쉽게 갈 수 있다고 '상상'하고, 공중에 떠 **있는 널빤지를 보면 그 위로는** 걸을 수 없다고 '상상'하기 때문이다. 할 수 없다고 '상상'하면, 당신의 '의지'는 당신을 앞으로 나아가지 못하게 한다. 실제로 할 수 있는가 없는가와는 상관없이 절대로 앞으로 나아갈 수 없다. 하지만 지붕을 고치는 사람이나 목수 같은 사람들은 높은 곳에서도 일을 한다. 할 수 있다고 생각하기 때문이다.

현기증은 마음속으로 떨어질지도 모른다고 상상하기 때문에 일어난다. 아무리 의지를 가지고 노력해도 결국 떨어진다. 의지를 강하게 하면 할수록, 바랐던 것과 정반대되는 결과를 낳는다.

불면증으로 고생하는 사람들도 마찬가지다. 이런 사람들은 오히려 잠을 자려는 의지를 가지고 노력하지 않으면, 편히 잠이 들 수 있다. 하지만 잠을 자려고 온갖 노력을 다 할수록 잠들기는 더욱 더 힘들어진다.

누구나 어떤 사람의 이름을 잊어버려 그 이름을 기억해내려고 애를 썼던 적이 있을 것이다. 그러나 애를 쓰면 쓸수록 혼동만 될 뿐 그 사람의 이름은 더 기억이 나질 않고, '좀 있으면 생각이 나겠지' 하고 내버려두면 어느 순간 문득 그 이름이 떠오르는 경험을 했을 것이다.

자전거를 처음으로 배울 때를 생각해보자. 넘어질까 두려워 핸들을 꼭 잡고 앞을 향해 가는데 갑자기 앞에 장애물이 나온다. 그것을 피하려고 애를 썼는데 오히려 자전거는 그 장애물을 향해 돌진해 버린 경험이 있지 않은가.

웃어서는 안 될 자리에서 웃음이 터져, 어떻게든 참으려고 애를 쓸수록 웃음이 더 크게 터져 나오는 경험도 누구나 해보았을 것이다.

이런 상황에 처했을 때 사람들은 마음속으로 이렇게 생각한다.

'떨어지면 안 돼. 하지만 어쩔 수 없이 떨어질 거야. 높으니까'

'자고 싶어. 어떻게든 자야 해. 하지만 못 잘 거야'

'그 사람 이름이 뭐였더라. 김…… 이…… 아, 생각나지 않을 거야'

'저 장애물을 피해야 돼. 하지만 어쩔 수 없이 부딪칠 거야'

'웃음을 멈추고 싶지만, 안 될 거야'

이처럼 의지와 상상의 갈등이 일어나면 늘, 예외 없이 상상이 의지를 꺾는다.

언제나 상상이 의지를 이긴다

선봉에 서서 적진을 향해 진격하는 지휘관에게도 같은 원리가 적용된다. '각자 판단해서, 돌격하라!'고 명령한다면 참패할 수밖에 없다. 지휘관을 따르는 병사들은 다른 생각 없이 무조건 앞으로 나아가야 한다고 '상상'하지만, 각자 판단해야 하는 병사는 혼자 잘못 나섰다가는 패배할 것이라 '상상'한다. 이런 생각이 들면 병사들은 자기 한 목숨을 구하기 위해 뿔뿔이 도망칠 것이기 때문이다.

어느 이야기책에 등장하는 빠뉘르주(Panurge. 라블레의 소설 『가르강튀아와 팡타그뤼엘』 속의 인물. 팡타그뤼엘의 측근이며 지적이고 교활한 인물)는 무작정 선례를 좇는 상상이 얼마나 전염성이 강한지, 또 그것이 어떤 결과를 불러오는지를 잘 간파했다. 그는 같은 배에 타고 있던 어떤 상인에게 복수를 하려고 그 상인의 양떼 중에 제일 큰 양 한 마리를 바다에 던져버렸다. 그러자 다른 양들도 그 뒤를 따라 모두 바다로 뛰어들었다. 빠뉘르주는 한 마리의 양이 한 행동을 다른 무리들 역시 그대로 따라 하는 양들의 특성을 잘 알고 있었던 것이다.

어리석어 보이지만 우리 인간도 이런 양떼의 특성을 많이 닮아 있다. 무심결에 혹은 다른 방법이 없다고 생각해서 다른 사람을 좇아가거나 따라 한다.

이 밖에도 수많은 예를 더 들 수 있지만, 그건 지루하기만 할 뿐이니 그만두는 게 좋겠다. 하지만 상상의 힘, 즉 '의지'와 싸우는 '무의식의 힘인 상상'이 엄청난 힘을 가지고 있다는 것만은 아무리 강조해도 지나치지 않다는 것만은 분명하다.

알코올 중독자들은 술을 끊고 싶지만 끊지 못한다. 그들에게 의지가 부족해서 그런가? 그들에게 물어보라. 그들은 '끊고 싶다'고 분명하게 말할 것이다. 하지만 그들은 그런 '의지'에 반해 또다시 술을 마시게 된다. 음주가 얼마나 해로운지 잘 알면서도 의지로는 술의 강력하고 달콤한 유혹을 물리칠 수 없다.

같은 이치로 범죄자들은 본심은 그렇지 않음에도 범죄를 저지른다. 왜 그런 짓을 했느냐고 물으면 그들은 '어쩔 수 없었습니다. 뭔가 강한 힘이 나에게 그렇게 하라고 한 것

같아요'라고 대답한다.

맞는 말이다. 알코올 중독자들과 범죄자들은 변명이나 거짓말을 하고 있는 것이 아니다. 그들은 거부할 수 없는 어떤 힘에 의해 그런 행동을 하도록 강요 당한 것이다. 어쩔 수 없이 할 수밖에 없다는 상상의 힘에.

사람들은 의지가 자신이 원하는 것을 하게 해준다고 믿는다. 그러나 실제로 의지는 상상에 끌려 다니는 꼭두각시에 불과하다. 따라서 의지력 강화가 아니라 상상을 다루는 기술을 익혔을 때에야 비로소 그 꼭두각시 놀음에서 벗어날 수 있다.

암시와 자기암시는
어떻게 다른가?

앞의 이야기들을 듣다 보면, 상상이란 마치 물에 빠진 사람이 아무리 빠져 나오려고 애를 써도 결국은 휩쓸리고야 마는 급류처럼 보인다. 하지만 도저히 빠져나올 수 없을 것 같은 이 급류는 우리가 물살을 바꾸어 발전소로 유도하면 전기와 열을 만들어 낼 수 있다.

이런 비유가 와 닿지 않는다면 이렇게 비유할 수도 있겠다. 상상은 집안에 갇혀 있는 미친 사람 같지만, 사실은 아직 재갈도 고삐도 없어 길들여지지 않은 야생의 명마와 같다. 이런 말에 탄 사람은 그저 말이 제멋대로 돌아다니게 하는 것 외에는 달리 어쩔 도리가 없어 보인다. 그렇게 마구 뛰어다니다가 결국엔 말도 사람도 도랑에 처박히게 될 것이다. 하지만 기수가 말에 재갈을 물리고 고삐를 잘 다루기만 한다면 상황은 달라진다. 이제 말은 기수가 원하는 대로 순순히 따르게 된다.

우리는 이제 무의식, 혹은 상상이 가지고 있는 엄청난 힘에 대해 알게 되었다. 이제부터 나는 이 상상이란 존재를 급류나 야생마를 길들이듯 제어하는 방법을 보여주려 한다. 그전에 우선 우리가 잘 구분하지 못하는 두 단어를 다시 정리하고 넘어가야 한다. 두 단어란 바로 '암시'와 '자기암시'다.

암시란 무엇일까? '누군가에게 생각, 의도 등을 주입하는 것'쯤으로 이해하면 될 것이다. 그렇다면 과연 이런 작용이 실제로 가능한 것일까? 그럴 수는 없다. 암시는 행위 그 자체만으로는 일어나지 않는다. 암시가 작동하려면 자기암시로 전환되는 과정이 있어야만 한다. 자기암시는 '스스로에게 생각이나 의도를 주입시키는 것'이다.

당신이 누군가에게 암시를 걸 수도 있겠지만, 상대의 무의식이 암시를 받아들이지 않으면, 즉 그 암시를 제 것으로 수용하여 자기암시로 전환하지 않으면 아무 효과도 발휘하지 못한다. 나 자신도 때로 아주 평범하고 편안한 암시를 나 자신에게 걸고도 실패하는 경우가 있다. 내 무의식이 암시를 받아들이기를 거부했기 때문이다. 다시 말해 '자기암시'를 통한 전환이 이루어지지 않은 것이다.

모든 것은 상상하는 대로 이루어진다

상상도 급류나 말처럼 길들일 수 있다는 이야기로 다시 돌아가 보자. 상상력을 길들이기 위해 가장 중요한 것은 그것이 가능하다는 것을 아는 것이다. 하지만 대부분의 사람들이 이 사실을 간과한다.

두 번째는 상상력을 길들이는 방법을 알면 된다. 그 방법은 아주 단순하다. 사실은 우리가 인식하거나 배우지 않았어도 우리는 이 방법을 줄곧 사용해 왔다. 다만 잘못된 사용법으로 스스로에게 오히려 상처를 주기도 했다. 그 방법이란 바로 '자기암시'이다.

우리는 그동안 자기 자신에게 무의식적으로 자기암시를 걸어왔다. 이제 우리가 정작 해야 할 일은 의식적으로 자기암시를 거는 것이다. 방법은 어렵지 않다.

첫째, 마음속으로 자기암시의 대상에 집중한다. 그 대상이 '예' 혹은 '아니요'라는 대답을 요구하면, 그때마다 다른 것은 일절 생각하지 말고, 그저 '이것이 일어날 것이다', '저것이 사라질 것이다' 혹은 '이런 일이 일어날 것이다', '이런 일은 일어나지 않을 것이다' 등등에 집중한다. 이렇게 그저 지켜보는 상태를 수차례 반복한다. 물론 이런 것들은 모두 우리 내부 에너지의 일부이다. 그러다가 무의식이 암시를 받아들여서 자기암시로 전환되면, 그 대상의 세세한 부분까지 모두 현실로 이루어진다.

지금까지 '자기암시'는 그저 최면술 같은 것으로 취급되었다. 하지만 나는 자기암시를 '인간의 정신과 육체에 미치는 상상의 영향'이라고 정의한다. 이 영향은 거부할 수 없을 만큼 강하다. 앞의 에피소드와는 좀 다른 예를 들어 설명해 보자.

만일 당신이 어떤 일을 할 수 있다고 믿으면, 다시 말해 당신 자신을 설득했다면 그 일이 아무리 어려운 일이라도 해낼 수 있다. 반대로 세상에서 제일 쉬운 일이라도 당신이 할 수 없다고 믿으면 그 일은 절대로 할 수 없다. 아무리 작은 일이라도 그렇다.

신경쇠약에 걸린 사람은 스스로 아주 작은 힘도 낼 수 없다고 생각해서 몇 발자국만 걸어도 쓰러지고 만다. 그러면서 마치 늪에 빠진 사람이 빠져 나오려고 버둥거리면 더욱 더 깊이 가라앉는 것처럼 더욱 위축되고 만다.

마찬가지로 통증이 사라질 것이라고 느끼면 실제로 통증은 조금씩 사라진다. 하지만 통증 때문에 괴로워하면 실제로 통증은 더 커지고 심해진다. 어떤 사람은 일정한 상황이 되면 두통이 생길 거라고 예견하는데 그 사람은 어떤 날, 일정한 상황이 되면 실제로 두통을 느낀다. 이것은 스스로 병을 만든 것이다. 어떤 이들이 '의식적 자기암시'로 스스로 병을 치유하는 것과 반대 현상이다.

일반적이지 않은 생각을 고집하거나 밀어붙이는 사람을 미친 사람이라고 부른다. 어떤 사람들은 자신의 정신과 육체가 병들어 있다고 '상상'함으로써 실제로 정신과 육체가 병들어 있는 상태를 벗어나지 못한다. 또 어떤 이들은 전혀 특별한 외상이나 장애가 없음에도 중풍이나 마비증세를 보이기도 하는데 이들 역시 마비라는 '상상'으로 스스로를 묶은 것이다.

행복하게 느끼는가, 불행하게 느끼는가 하는 것 역시 상상에 달려 있다. 똑같은 상황에 처해 있어도 어떤 사람은 행복하다고 느끼는 반면, 다른 사람은 비참하고 불행하다고 느끼는 것처럼 말이다.

신경쇠약, 말더듬증, 대인 기피, 마비 증세 등은 무의식적 자기암시의 결과이다. 즉 자신의 육체와 정신에 '무의식'이 작용해서 생긴 것이다.

이처럼 무의식이 수많은 병증의 원천이라면, 동시에 치료 역시 무의식을 통해 가능하다. 가벼운 것이든 심각한 것이든 치료할 수 있다. 무의식이 우리의 신체에 미치는 영향은 아주 크고 강력하다.

상상의 힘은 의지의 제곱에 비례한다

지금 당신이 아무도 없는 방에 편안히 앉아 있다고 상상해보라. 눈을 감고 잠시 마음을 집중시켜 어지러운 잡념들을 가라앉힌다. 그리고 '이런저런 일들은 사라지고 있다', '이런저런 일들이 일어나고 있다'라고 계속 생각해보라.

자기암시가 이루어지게 되면, 즉 당신이 던진 생각을 무의식이 받아들이게 되면, 당신이 생각한 일들이 실현되는 놀라운 일이 일어날 것이다(자기암시의 특성은 그 존재 자체가 내면에 있으므로 알아차리기 힘들다는 것이다. 자기암시가 이루어낸 결과를 통해서만 우리는 그 존재를 알게 된다).

그리고 무엇보다 중요한 것은 자기암시를 시행할 때에는 절대로 의지를 개입시켜서는 안 된다는 것이다. 의지와 상상은 일치하지 않기 때문이다. '나는 이런 일을 꼭 이루어낼 테야'라고 의지가 말하더라도, 상상은 '그러고 싶겠지만 그렇게 되지 않을 거야'라고 할 수 있다. 이렇게 되면, 원하는 것을 얻기는커녕 종종 정반대의 결과가 나오게 된다. 이 때문에 정신질환의 치료에 의지를 훈련하는 방법을 써도 만족스럽지 못한 결과가 나오는 것이다.

필요한 것은 상상력 훈련이고, 그것을 위해 이런 작용을 이해하는 것이 가장 중요한 포인트다. 이것이 다른 심리치료 방법들과 나의 자기암시 요법 간의 미묘한 차이며, 다른 치료법으로 고칠 수 없었던 환자들과 중증환자들을 치료할 수 있었던 이유이다.

지난 20년 동안 수많은 실험을 통해 나는 아주 정교한 부분까지 실험하기에 이르렀고, 일종의 법칙이라 할 수 있는 다음과 같은 결과를 얻을 수 있었다.

1. 의지와 상상이 상반될 경우, '예외 없이' 상상이 승리한다.

2. 의지와 상상이 부딪히면, 상상의 힘은 '의지의 제곱'에 비례한다.

3. 의지와 상상이 서로 일치하면, 그 힘은 더해진 만큼이 아니라 곱해진 만큼 커진다.

4. '상상'은 마음에 따라 움직인다.

* '제곱'이나 '곱해진다'라는 표현은 이해를 돕기 위한 표현이다.

위의 방법에 따르면 아무도 병에 걸릴 일이 없어 보인

다. 사실이 그렇다. 모든 질병은 '자기암시'로 치유될 수 있다. 그러나 그럴 가능성이 있다는 말이지, 모두 낫는다는 것은 아니다. 이 차이를 잘 이해해야 한다.

의식적 자기암시법을 배우기 위해서는 피아노를 배우거나 글을 읽고 쓰는 법을 배우듯이 그 방법을 배워야만 한다.

'자기암시'는 우리 모두가 태어날 때부터 지닌 천부적인 능력이자 도구이다. 마치 어린 아이가 천진스럽게 말을 하며 놀듯이 이 도구를 무의식적으로 갖고 논다. 그러나 이 도구는 아주 위험한 것이 될 수도 있다. 무분별하게 이 도구를 다루면 자신을 다치게 하거나 심지어 목숨을 앗아갈 수도 있다. 반대로 이 도구를 의식적으로 잘 다루는 방법을 습득하게 되면 생명을 구할 수도 있다. 이솝은 혀를 일컬어 '세상에서 가장 좋은 것과 가장 나쁜 것을 동시에 지니고 있는 것'이라 했는데, 자기암시 역시 혀와 같다.

에밀 쿠에의
자기암시 수행법

Day by day, in Everyway, I am getting better and better

자기암시는 잠자리에 들기 전과 아침에 바로 눈을 뜬 직후가 가장 효과적이다.

자기암시를 할 때는 두 눈을 감고 차분한 목소리로 천천히 반복적으로 말한다.

매일 저녁 잠자리에 누워 잠들기 전, 그리고 아침에 눈을 뜨고 일어나서 편안한 자세로 근육을 이완시키고 다음과 같이 반복해서 말한다.

"나는 날마다, 모든 면에서, 점점 더 좋아지고 있다."

마치 묵주기도를 할 때처럼 긴 끈에 스무 개의 매듭을 만들어 말을 할 때마다 하나씩 세어 가면서 암송을 하면 도움이 된다.

특별히 어떤 것이 좋아진다는 것에 신경을 쓰지 말고, 예를 들어 지금 겪고 있는 질병이나 해결해야 할 문제 등을 구체적으로 떠올리지 말고 전반적으로 '모든 것이 좋아진 다'고 생각하며 집중하여 반복한다. 그러면 무의식은 그 말을 기억하고 모든 면에서 전반적으로 그 효과가 일어난다.

자신이 원하는 것을 반드시 이룰 수 있다는 믿음과 자신 감, 확신을 가지고 반복적으로 자기암시를 한다.

"나는 날마다, 모든 면에서, 점점 더 좋아지고 있다."

자기암시에 대한 믿음이 강할수록 원하는 결과 역시 확실하고 빠르게 나타날 것이다.

때와 장소, 기분 등에 상관없이 반복적으로 암시하고, 몸이나 마음에 이상이 느껴지면 그 즉시 그런 증세가 없어질 것이라는 확고한 믿음을 가지고 스스로에게 암시하라. 그러면 그 증세는 곧 사라질 것이다.

자기암시를 행할 때의 자세를 구체적으로 제시하면 다음과 같다.

홀로 있을 수 있는 조용한 곳에서 눈을 감고 이마에 손을 얹는다. 몸의 이상이든, 마음의 고통이든 구분하지 말고 소리 내어 빠르게 반복하여 말한다.

"사라진다, 사라진다, 사라진다……."

이젠 충분하다는 느낌이 올 때까지 반복한다.

가벼운 증세는 20초나 25초 정도면 사라질 것이다. 부족하다고 느껴지면 다시 반복해도 좋다.

이때 잊지 말아야 할 가장 중요한 것은 자기암시는 의지를 가지고 노력해서는 안 된다는 것이다. 의지를 버리고 반드시 상상으로 암시를 수행해야 한다.

몸을 치유하고
마음을
변화시키는
자기암시법

2부

병에 걸릴지도 모른다는 걱정으로

시간을 낭비하지 말라.

이런 생각은

없는 병도 만들게 한다.

다른 사람을 치료하는
자기암시 수행법

Day by day, in Everyway, I am getting better and better

다른 사람에게 확실하게 영향을 미치는 이런 일은 불가능할 것 같지만 실은 아주 쉽고 간단하다.

치료를 위한 자기암시 원리는 '한 번에 두 가지 일을 생각하는 것은 불가능하다'라고 간단히 정리할 수 있다.

물론 거의 동시에 두 가지 생각이 떠오를 수 있지만, 이 역시 병렬로 놓일 수는 있지만 두 가지가 완전히 겹칠 수는 없다.

어떤 한 가지 생각이 마음을 꽉 채우게 되면 그 생각은 진실이 되고, 나아가 그렇게 되도록 행동하게 된다. 따라서 당신이 어떤 병을 앓고 있는 환자에게 '내 병은 점점 나아간다'는 확신을 갖게 만든다면 그 환자를 치료할 수 있다. 도벽이 있는 사람에게도 마찬가지로 '다시는 도둑질을 하지 않을 것이다'라는 생각을 하게 만들면 도벽을 없앨 수 있다.

"당신을 치료할 수 있는 도구는 당신이 가지고 있습니다."

먼저 시술자는 피시술자에게 다음과 같이 말하는 것이 중요하다.

"당신을 치료할 수 있는 도구는 당신이 가지고 있습니다. 나는 그저 그 도구의 사용법을 가르치는 교사에 불과합니다. 변화를 일으키는 건 당신의 능력입니다."

이 말을 통해 피시술자는 시술자가 자신에게 명령을 내리는 주인이 아니고, 길을 안내하는 친구라고 인식하게 된다. 시술자는 피시술자가 육체적·정신적으로 건강해질 수 있도록 한 단계씩 이끌어주는 역할을 해줄 뿐이다. 시술자는 피시술자에게 암시를 하지만, 그 암시는 시술자의 것이 아니라 피시술자의 소망과 바람이다. 따라서 피시술자의 무의식적 자아는 시술자의 그런 암시를 자기암시로 전환하게 된다. 이런 과정을 통해 피시술자의 자기암시가 빠르게 일어나면 치유 속도가 빨라지게 된다.

자기암시 요법의 결과는 아주 놀랍다. 또한 이 방법을 이해하는 것도 아주 쉽다. 이제부터는 의식적으로 '자기암시'를 이용해 모든 사람이 얻을 수 있는 혜택에 대해 설명하겠다. 사실 '모든 사람'이라고 말하기에는 무리가 있다. 의식적인 자기암시를 일으킬 수 없는 두 부류의 사람이 있기 때문이다. 자기암시를 정신적으로 이해할 능력이 없는 사람들과, 아예 이해하려고 들지 않는 사람들이다. 이 두 부류의 사람들 외에는 실패할 가능성이 거의 없다. 다행스럽게도 이 두 부류에 속하는 사람들은 전 인구의 3퍼센트 정도에 불과하다.

여기에서 강조하고 싶은 것은 피시술자에게 시술자의 암시를 받아들여 그것을 그대로 자기암시로 전환하는 것이 얼마나 중요한지를 충분히 설명하는 준비과정이 꼭 필요하다는 것이다. 그렇게 하지 않으면 아주 민감한 피시술자 외에는 좋은 결과를 얻을 수 없다. 준비 단계에서 충분히 설명을 하면 피시술자를 충분히 민감하게 만들 수 있다. 설명도 몇 분 정도면 충분하다.

환자들의 무의식적 사고를 단계별로 나누고 그에 따라 환자에게 의식적 암시요법을 해나가면 누구나 가능하다. 물론 앞에서 말한 두 부류의 사람에게는 안 되겠지만 말이다.

자기암시를 위한
준비 단계

Day by day, in Everyway, I am getting better and better

1단계

피시술자를 어깨와 등을 쭉 펴고 꼿꼿하게 서게 한다. 양 발바닥 전체를 바닥에 붙이고 발목은 부드럽게 움직일 수 있게 한다. 피시술자에게는 자기 몸 전체가 바닥에 세워 둔 나무판자라서 힘이 가해지면 가해지는 방향으로 자연스럽게 넘어지게 된다고 생각하게 한다. 그런 다음 피시술자의 어깨를 당기며 '편안하게 제 품으로 쓰러지세요.'라고 말한다. 이 때 발목은 기울어지지만 발바닥은 땅에 대고 있어야 한다. 이 과정이 잘 안 되면 될 때까지 반복해서 시도한다.

상상이 인간에게 미치는 영향력을 설명하고 피시술자가 '나는 뒤로 쓰러진다, 뒤로 쓰러진다……'고 상상하도록 말한다. 이때 피시술자는 오직 이 상상 외에는 다른 생각을 하지 않아야 하며, 과연 쓰러질 수 있을지 어떨지를 의심해서도 안 된다. 또한 실험에 성공하기 위해 일부러 쓰러지려고 노력해서도 안 된다. 만약 자신의 몸이 저절로 뒤로 넘어가는 느낌이 들면 저항하지 말고 그 힘의 방향에 몸을 맡기게 한다.

그리고 나서 피시술자에게 머리를 들고 눈을 감은 다음 오른손은 목 뒤에 대고, 왼손은 이마에 올리게 한다. 시술자는 피시술자에게 다시 '나는 뒤로 쓰러진다, 쓰러진다, 쓰러진다……'라고 생각하라고 말한 뒤 '당신은 지금 뒤로 쓰러지고 있습니다. 당신은 지금 뒤로 쓰러지고 있습니다. 당신은 지금 뒤로 쓰러지고 있습니다. 당신은 지금 넘어지고 있습니다. 당신은 지금 넘어지고 있습니다'라고 반복해서 말한다. 이때 피시술자의 왼손은 가볍게 관자놀이 근처로 미끄러지게 하고, 오른손도 목덜미에서 떨어지게 한다.

이때 피시술자는 몸이 뒤로 넘어가는 것을 느끼면서, 넘어지지 않으려고 비틀거리거나 그대로 쓰러져 버리게 된다. 피시술자가 넘어지지 않으려고 하면 '당신은 지금 넘어지면 다칠지도 모른다는 생각을 하고 있습니다. 그런 생각을 하지 않았으면 그냥 나무토막처럼 쓰러졌을 겁니다'라고 말해 준다. 피시술자가 시술자의 지시에 따르도록 명령하는 듯한 어조로 반복해서 말한다. 이 과정이 성공할 때까지 실험을 반복한다.

시술자는 피시술자의 뒤에 양 다리를 안정되게 벌리거나 한쪽 발을 약간 앞으로 빼주어 피시술자가 뒤로 넘어질 때 다치지 않게 받을 수 있도록 준비해야 한다. 시술자의 자세가 안정되지 않으면 피시술자를 안은 채 뒤로 넘어질 수 있다.

3단계

이제는 시술자가 피시술자의 앞쪽에 선다. 피시술자는 이전의 자세와 같이 곧게 선 채 발바닥은 땅에 붙이고 발목은 움직이게 한다. 시술자는 피시술자의 양쪽 관자놀이에 손을 대고 시선은 피시술자의 코끝에 둔다. 그리고 피시술자에게 다시 '나는 앞으로 쓰러지고 있다. 나는 앞으로 쓰러지고 있다. 나는 앞으로 쓰러지고 있다'라고 생각하게 하고, 계속 시선을 고정한 채로 '당신은 앞으로 쓰러지고 있습니다. 당신은 앞으로 쓰러지고 있습니다. 당신은 앞으로 쓰러지고 있습니다'라고 확신 있게 반복해서 말한다.

4단계

피시술자에게 가능한 한 힘을 세게 주어 양 손가락을 포개 쥐라고 한다. 시술자는 전 단계와 같이 피시술자에게 시선을 고정하고 피시술자의 손을 감싸 더욱 단단히 손을 쥐도록 한다. 그리고 피시술자에게 그 손을 뗄 수 없다고 생각하게 한다. 그리고 하나, 둘, 셋을 세는데, 셋을 셀 때 피시술자에게 양손을 떼라고 명령한다. 이때 피시술자는 계속 '나는 손을 뗄 수 없다. 나는 손을 뗄 수 없다. 나는 손을 뗄 수 없다'고 생각하게 한다. 그러면 피시술자는 손을 뗄 수 없다.

시술자는 아주 천천히 '하나, 둘, 셋'을 세면서 동시에 '당신은 할 수 없다. 당신은 할 수 없다. 당신은 할 수 없다'

고 말한다. 피시술자가 '나는 할 수 없다'고 믿게 되면, 셋을 세는 순간 손을 뗄 수 없고, 떼려고 애쓰면 애쓸수록 두 손은 더욱 강하게 밀착된다. 잠시 후 '나는 뗄 수 있다'고 생각하게 하면, 손가락은 저절로 떨어진다.

반드시 시선은 피술자의 코끝에 고정시켜야 하고, 피시술자의 시선은 시술자의 시선에 고정시켜야 한다. 만약 피시술자의 손이 떨어진다면 그것은 시술자의 잘못이 아니라 피시술자가 '나는 손을 뗄 수 없다'는 생각에 집중하지 못했기 때문이다. 이럴 때는 피시술자에게 실패의 원인을 설명하고, 다시 실험을 해야 한다. 그리고 말을 할 때는 피시술자가 권위를 느끼도록 명령하듯 지시해야 한다. 목소리를 크게 할 필요는 없으며 평상시의 톤으로 말하되 단어 하나하나를 힘있게 강조하며 말해야 한다.

위와 같은 실험들이 성공하게 되면, 다른 형태의 실험들도 같은 방법으로 좋은 성과를 얻을 수 있다.

실험을 하다 보면 매우 민감하게 반응하는 피시술자들

이 있는데, 이들은 매우 쉽게 손과 발에 암시가 걸린다. 그래서 두세 가지의 실험이 쉽게 성공하면, 그 다음에는 '이렇게 생각하세요', '저렇게 생각하세요'라고 말할 필요도 없이 그저 '양손을 포개세요. 이제 손을 뗄 수 없습니다', '눈을 감으세요. 이제 눈을 뜰 수 없습니다'라고 말하는 것만으로 충분히 성공한다. 단, 항상 힘있는 목소리로 지시에 따르도록 유도해야 한다. 민감한 피시술자는 말이 떨어지는 순간 손을 뗄 수 없거나, 눈을 뜰 수 없게 된다. 잠시 후 '자, 이제 손을 뗄 수 있습니다'라고 말해 주면 다시 쉽게 손이 떨어지고 눈을 뜨게 된다.

이런 실험은 무한히 변용할 수 있다. 예를 들어, 피시술자의 팔짱을 끼게 하고 양팔이 용접되었다고 상상하게 하거나, 손을 책상에 올려놓게 하고 책상에 붙었다고 생각하게 할 수도 있다. 의자에 앉은 후 일어날 수 없게 할 수도 있으며, 걸을 수 없거나, 연필 한 자루가 아주 무겁다고 상상하게 하여 연필을 들 수 없게 할 수도 있다.

잊지 말아야 할 것은, 이런 현상들을 만들어 내는 힘은 시술자의 '암시'가 아니라 시술자의 암시를 받아들인 피시술자가 스스로 수행하는 '자기암시'의 결과라는 사실이다.

몸과 마음을 변화시키는
자기암시의 말들

Day by day, in Everyway, I am getting better and better

피시술자가 앞의 실험을 통과하고 이해했다면, 이제 그에게 치료를 위한 암시도 할 수 있게 된 것이다. 마치 전에는 황무지였지만, 이제는 씨를 뿌리면 싹이 나서 열매가 맺힐 수 있는 옥토가 된 것과 같다. 피시술자가 겪고 있는 고통이 정신적인 것이든 육체적인 것이든, 암시의 과정은 같다. 다만 상황에 따라 사용하는 지시 내용에 약간의 변화만 주면 된다.

피시술자에게 이렇게 말한다.

"자리에 앉아 눈을 감으세요. 잠들게 하려는 것은 아니고, 잠들 필요도 없어요. 단지 주위에 보이는 것들 때문에 마음이 산만해지지 않게 하기 위해서예요. 자, 이제 제가 말하는 것을 그대로 당신 자신에게 말하세요. 집중해서 마음속에 새기세요, 새기고 또 새기세요. 아주 마음속에 깊이 파이게 하세요. 의지나 노력을 해서가 아니라 저절로 무의식적으로 당신은 이 말을 몸 전체로 받아들이게 되는 거예요."

"당신은 매일 아침, 점심, 저녁으로 식사 때가 되면 배고픔을 느낍니다. 그때마다 당신은 이렇게 생각합니다. '아, 먹는다는 것은 얼마나 즐거운 일인가!' 그리고는 맛있게 식사를 합니다. 아주 조심스럽게 오랫동안 음식을 씹어 삼킵니다. 그러면 소화가 아주 잘 됩니다. 속이 아주 편안합니다. 과식은 하지 않습니다. 당신의 위나 장은 통증이나 더부룩함을 느끼지 않습니다. 당신이 먹은 음식은 피와 근육, 힘과 에너지, 즉 활기를 만들어냅니다."

"먹은 음식물은 소화가 잘 되고 아침에 일어나 규칙적으로 배설합니다. 약 같은 것을 먹지 않아도 몸이 편안하고 기분이 좋습니다.

밤에는 언제나 원하는 시간에 잠이 들고, 아침에도 역시 원하는 시간에 일어납니다. 잠이 들면 편안하고 깊은 숙면을 취합니다. 악몽은 절대 꾸지 않습니다. 다시 아침이 되면 상쾌하고, 건강하고, 활기차게 일어납니다."

"지금까지 당신은 우울하고, 슬프고, 걱정하고 근심하는 일이 많았다면 이제부터는 달라집니다. 우울이나 근심 걱정에 휩싸이는 대신 늘 즐겁고 밝게 살아가게 될 것입니다. 아무 이유 없이 그렇게 됩니다. 이유 없이 우울하게 살았듯이 말입니다. 또한 정말로 걱정거리나 우울한 일이 생기더라도 그렇게 느끼지 않게 될 것입니다."

"만일 당신이 참을성이 없고 자주 짜증을 내고 분노를 폭발하곤 했다면 앞으로는 반대로 인내심을 가지고 마음을 안정시킬 수 있을 것입니다. 걱정거리나 화가 나는 일들은 사라지고 아주 침착하고 편안한 날들을 보내게 될 것입니다."

"당신이 나쁜 생각이나 걱정, 공포, 혐오, 유혹, 원한 등에 사로잡혀 있었다면, 이제부터는 상상의 힘으로 구름이 아득히 멀리 사라지듯 이런 것들이 사라지게 될 것입니다. 눈을 뜨면 꿈이 깨듯 이런 것들도 연기처럼 사라집니다."

"앞으로 모든 신체 장기들이 건강하고 활발하게 움직일 것입니다. 심장 박동도 정상적으로 뛰고 혈액 순환도 잘 이루어지고, 폐와 위, 대장, 소장, 간과 담, 방광 등도 모두 원활히 움직입니다. 만일 지금 당신의 신체 기관 중 어느 부분에 문제가 있다면 이제부터 날마다 치료가 진행되어 곧 정상적으로 돌아오게 될 것입니다(꼭 어느 부분이 문제인지 알 필요는 없다. 무의식은 스스로 문제 있는 부분을 찾아내고 치유한다)."

"무엇보다 중요한 것은 과거에는 자신을 불신했지만 그런 불신은 사라지고 자신을 신뢰하게 됩니다. 자신 안에 무한한 힘이 있음을 깨닫고 자신감이 생깁니다. 자신감은 절대적으로 꼭 필요합니다. 이것이 없으면 아무것도 할 수 없습니다. 자신감이 있다면 이치에 맞는 일이라면 무엇이든 해낼 수 있습니다. 그것이 어떤 소망이건, 의무이건 상관없이 이루어집니다. 이제 당신은 그런 사람이 되는 것입니다."

"앞으로는 무언가를 하기 전에 '이 일은 쉽다'고 생각하십시오. 어렵다거나, 힘들다거나, 할 수 없다거나, 어쩔 수 없다거나 될 대로 되라는 생각은 사라질 것입니다. '이건 쉬운 일이다. 나는 할 수 있다'라는 말만 하십시오. 다른 사람은 어렵게 생각하는 일이지만 당신에게는 쉬운 일입니다. 잘하려고 일부러 노력하지 않아도 잘할 수 있고, 지치지도 않을 것입니다. 어렵고 불가능하다고 생각하면 그 생각대로 어렵고 불가능하게 됩니다."

위와 같은 예문들은 길고 유치해 보일지는 모르지만 일반적으로 꼭 필요한 것들이다. 이런 일반적인 암시가 끝나면 피시술자의 개인적 특성에 맞는 암시를 덧붙인다. 특별히 강조를 해야 하는 경우를 제외하고, 암시의 대화는 항상 단조롭고 부드러운 목소리로 해야 한다. 그래야 피시술자에게 약간의 졸음이 오게 해서 아무 생각 없이 집중하게 유도할 수 있다. 일련의 암시가 끝나면 이렇게 말한다.

"이제 당신은 모든 면에서 좋아졌습니다. 앞으로는 정신적으로도 육체적으로도 더욱 건강하고 즐거운 삶을 살게 될 것입니다. 자, 이제 하나, 둘, 셋을 말하는 동시에 지금의 상태에서 깨어납니다. 졸리지도 피곤하지도 않고 힘이 솟고 생기가 넘칠 것입니다. 상쾌한 기분으로 무엇이든 잘 해 낼 수 있을 것입니다."

"하나, 둘, 셋!"

피시술자는 얼굴 가득 미소를 띠며, 행복한 표정으로 일어날 것이다. 드물긴 하지만 그 자리에서 바로 치료가 되는 환자도 있다. 그러나 일반적으로는 통증이 완화되고, 위축되고 무거운 느낌이 사라진 것을 깨닫게 된다. 시간이 지나면서 통증과 우울감이 완전히 사라진 것을 느끼기도 한다. 정도의 차이는 있지만 간혹 어떤 사람들은 이런 기분을 느끼는 것 자체를 꺼리기도 한다. 하지만 시간이 지나면 달라진다.

암시는 피시술자의 상태에 따라 달라져야 한다. 치료의 진행 정도에 따라 암시의 간격을 조금씩 길게 하고, 완치가 될 때까지 암시를 변용하며 계속 치료를 해야 한다.

전에는 피시술자를 잠들게 해야만 암시가 걸린다고 생

각해서 잠을 재우려 했지만, 꼭 그렇게 하지 않아도 된다는 것을 알게 된 후로는 피시술자를 재우지 않는다.

피시술자에게 시술을 위해서는 잠에 빠져야 한다고 하면 대부분은 공포감과 불안감을 느끼고 무의식적으로 저항하게 된다. 그러나 굳이 잠 들 필요가 없는 이야기를 해주면 불안과 의심 대신 시술자의 말을 믿고 안정감을 가지며 그 말에 순순히 따르게 된다. 시술자의 단조로운 목소리를 듣고 있다가 자신도 모르게 잠이 드는 피시술자도 있다. 깊이 잠들었다가 깨어나면 자신이 잠이 들었다는 사실에 놀라기도 한다.

시술 후 헤어지기 전에 시술자는 피시술자에게 이렇게 말한다.

"처음에도 이야기했지만 당신을 치료할 수 있는 도구는 당신이 가지고 있습니다. 나는 그저 그 도구의 사용법을 가르치는 교사에 불과할 뿐, 변화를 일으키는 건 당신의 능력입니다. 매일 아침 눈을 뜰 때, 그리고 저녁에 잠자리에 들 때 눈을 감고 스무 번씩 이 말을 반복하십시오. "나는 날마다, 모든 면에서, 점점 더 좋아지고 있다." 긴 끈에 스무 개의 매듭을 만들어 하나씩 짚어가며 반복하면 좋습니다. 특히 '모든 면에서(in every respect)'라는 말을 강조하십시오. 이 말은 몸이건 마음이건 모든 면에서 힘이 발휘하게 됩니다. 특정한 암시보다 이렇게 넓은 암시가 더욱 효과적입니다."

의학적 처방보다 자기암시가 중요한 이유

이 글을 읽는 독자 중에는 분명히 이런 요법의 효과를 의심하는 사람이 있을 것이다. 이런 이들에게는 실제로 현장에 와서 보라고 말할 수밖에 없다. 또한 꼭 앞의 방식으로만 해야 자기암시가 성공할 수 있다고 생각하는 사람도 있을 것이다. 그것 역시 잘못된 생각이다. 때로는 피시술자에 대한 아무런 사전지식이나 상황에 대한 설명을 듣지 않고도 암시에 성공할 수 있다.

때론 의사라는 직함만으로도 환자에게 암시적 영향을 줄 수 있다. 의사가 환자에게 수술이 불가능하다든지 의사가 할 수 있는 일은 아무것도 없다고 이야기하면, 환자는 부정적인 자기암시를 일으켜 최악의 결과를 초래할 수 있다.

반대로 같은 증세일지라도, 병이 심각한 상태이긴 하지만 시간과 인내를 가지고 꾸준히 치료하면 나을 수 있다고 말해 주면 이 말을 의지한 환자에게서는 의사가 놀랄 정도의 효과를 볼 수 있다.

약의 처방에 있어서도 마찬가지다. 의사가 검진을 마친 후 환자에게 아무 말 없이 약만 처방해 주면 그 효과는 적게 나타난다. 그러나 의사가 환자에게 직접 그 약은 어떤 조건에서 어떤 방식으로 복용해야 한다고 알려주면 훨씬 월등한 효과를 볼 수 있다.

이 글을 읽는 여러분 중에는 의사도 있고, 약사도 있겠지만 내 얘기를 불신하지 않았으면 한다. 나는 암시 요법의 이론과 실습이 환자뿐만 아니라 의사를 위해서 필요하며 의과대학의 과목 중에 포함되어야 한다고 생각한다.

그리고 환자가 의사를 찾아 오면 한 종류 또는 그 이상의 처방을 내려야 한다고 생각한다. 환자가 의사를 찾을 때는 효과 있는 약을 찾아 온 것이다. 실제로 중요한 것은 깨끗한 위생과 균형 있는 식사이지만, 환자들은 그런 처방에는 만족하지 않는다. 만일 의사가 약을 주지 않고, 위생이나 음식만을 강조하면 환자는 불만을 갖게 되고, 다른 의사를 찾게 될 것이다. 그러므로 의사는 언제나 환자에게 약을 처방해 주어야 한다. 기왕이면 어디서나 구할 수 있는 흔한 약이 아니라 의사 자신이 직접 조제한 약을 처방해 주면 환자는 그 의사를 더욱 신뢰하고 약에 대한 효과도 확신하게 해준다.

모든 곳에
자기암시의
힘을
이용하라

3부

해야 할 일은

늘 쉽다고 생각하라.

그러면 불필요한 힘을

쓰지 않게 된다.

어렵다고 생각하면 필요한 것의 열 배,

스무 배의 힘을 쓰게 된다.

이것은 낭비다.

질병을 치료하는
자기암시

Day by day, in Everyway, I am getting better and better

/

암시와 자기암시가 가진 기능과 힘을 바로 이해하기 위해서는 무의식적 자아가 우리의 모든 기능을 조절하는 최고의 관리자라는 사실을 의심 없이 받아들여야 한다.

어떤 이유에서든 제 기능을 하지 못하는 신체 기관을 회복하고 싶다면 지금까지 이야기한 방법대로 시행하기만 하면 된다. 그 기관이 스스로 제 기능을 회복하고 자신의 역할을 할 것이라고 상상하고 믿으면 되는 것이다. 그러면 그 기관은 상상이 명령한 대로 움직이기 시작해서 빠르게 혹은 천천히 정상적인 제 기능을 회복하게 된다.

나는 이런 자기암시의 힘은 지혈을 하고, 변비를 없애고, 종양을 사라지게 하고 결핵, 마비, 궤양 등을 치료할 수 있다고 믿는다.

내가 잘 아는 치과의사가 있다. 나는 그가 치료하는 모습을 종종 지켜보곤 했다. 한번은 나도 잘 알고 있는 환자를 치료하는 것을 보았다. 이 환자는 8년 동안 천식으로 고생하고 있었는데 이날은 이를 뽑으러 치과에 왔다. 나는 의사에게 그녀가 편하게 치료를 받을 수 있도록 돕게 해달라고 말했다. 그녀는 아주 민감한 체질이었기 때문이다. 그녀도 의사도 내 제안을 흔쾌히 수락했다.

발치를 할 수 있는 모든 준비를 끝낸 후 나는 그녀를 응시하면서 '당신은 아무것도 느끼지 않습니다. 당신은 아무것도 느끼지 않습니다'라는 암시를 계속 반복하면서 의사에게 신호를 보냈다. 그러자 한순간에 그녀의 이가 빠졌다. 이가 빠진 후에는 출혈이 있었다. 나는 이때도 지혈제를 쓰지 말고 다시 암시를 걸자고 제안했다. 사실 그 결과가 어떻게 될지는 장담할 수 없는 상황이었다.

나는 그녀의 시선을 나에게 고정하도록 한 다음 '2분 안에 출혈이 멈춥니다. 2분 안에 출혈이 멈춥니다. 2분 안에 출혈이 멈춥니다'라고 암시를 걸었다. 그녀는 한두 번 피를 뱉어냈지만, 그걸로 끝이었다. 우리는 이가 빠진 자리를 살펴보았다. 잇몸에 피가 굳어 있을 뿐, 출혈은 멈춘 상태였다.

이 현상을 어떻게 설명해야 하는가. 간단하다. 그녀의 무의식은 '출혈은 멈춘다'라는 상상대로 동맥과 정맥의 모세혈관에게 출혈을 멈추도록 지시한 것이다. 그 지시에 따라 모세혈관은 '자연스럽게' 수축을 일으킨 것이다.

종양이 소멸되는 것도 같은 작용이다. '종양은 사라진다'라는 자기암시를 받은 무의식이 그렇게 되도록 진행시키는 것이다. 종양을 생성하고 있는 동맥이 수축하도록 지시하고 무의식의 지시대로 동맥이 수축하면서 종양에 양분 공급을 중단하는 것이다. 양분을 제공받지 못한 종양은 자연히 생기를 잃으면서 축소되어 사라지는 것이다.

신경쇠약 역시 꾸준히 자기암시 요법을 시행하면 완치된다. 이미 여러 방법을 시도했으나 성공하지 못했던 많은 환자들이 이 방법을 통해서 완치되는 효과를 보았다. 룩셈부르크의 전문 병원에서 한 달 동안 치료를 받았지만 아무런 효과도 보지 못했던 한 환자는 자기암시 요법으로 6주 만에 완쾌되었다. 이전에는 자신이 세상에서 가장 불행하다고 생각했던 이 환자는 주변 사람들이 같은 사람인지를 의심할 정도로 행복한 사람으로 변화했다. 더 다행스러운 것은 이 환자가 과거의 불행한 상태로 돌아갈 염려가 없다는 것이다. 그는 의식적 자기암시의 사용법을 완벽하게 터득했고 놀라울 만큼 잘 시행하고 있기 때문이다.

정신을 변화시키는
자기암시

Day by day, in Everyway, I am getting better and better

자기암시는 육체적 질병뿐 아니라 정신적 질환의 치료에도 도움이 된다. 그렇다면 이런 질문이 가능하다. 정신적 문제로 인해 범죄를 저질러 소년원에 가게 된 청소년들을 교화하는 것도 가능하지 않을까? 만일 가능하다면 이를 통해 아주 의미 있는 사회교육 활동을 할 수 있지 않겠는가. 물론 가능한 일이다. 자기암시를 통해 정신적 문제를 교정하는 것이 실제적으로 가능하며 그 실례도 있다.

범죄를 저지른 청소년의 정신적인 문제를 교정한다는 것은 잘못된 도덕적 관념을 바로잡는다는 뜻이다. 이런 경우에는 암시가 어떻게 작용하는지 설명하는 비유가 있다.

우리의 뇌를 나무판이라고 가정해보자. 여기에 우리의 행동을 결정하는 본능, 생각, 습관의 못이 박혀 있다. 잘못된 도덕적 관념을 바로잡는다는 것은 잘못 박혀 있는 못을 빼 내고 새로운 생각과 습관의 못으로 교체하는 작업을 하는 것이다. 그리고 그 교체작업을 해내는 과정이 암시다. 암시를 통해 새 못이 조금씩 박히면서 과거의 못은 조금씩 빠져 나오게 된다. 암시는 새 못을 박는 망치질이다. 망치질을 계속하면 새 못은 점점 깊숙이 박히고 낡은 못은 빠진다. 낡은 본능, 관념, 습관이 새로운 본능, 관념, 습관으로 대체되는 것, 곧 새 사람으로 변화하는 것이다.

한 가지 실례를 들겠다. 어린 시절부터 밤낮으로 소변을 지리는 열한 살짜리 소년이 있었다. 또 그 소년은 물건을 훔치고는 거짓말을 하곤 했다. 나는 소년의 나쁜 습관을 고쳐 달라는 어머니의 부탁을 받았고 그에게 암시 요법을 시행했다. 변화는 첫 시도 이후부터 서서히 나타나기 시작했다. 치료한 날부터 낮에는 소변을 지리는 증세가 없어졌는데 아직 밤에는 여전했다. 그러나 조금씩 그 횟수가 줄어들었다. 그리고 마침내 몇 개월 후에는 소변을 지리는 증세가 없어졌고 반 년 뒤에는 도벽까지 완전히 사라졌다.

또한 이 소년에게는 일곱 살 위의 형이 있었다. 그는 동생을 매우 미워했다. 심지어 술을 마시면 칼로 동생을 찌르고 싶은 충동에 사로잡히곤 했다. 그는 언젠가 자기가 동생을 실제로 찌르게 될 것이고, 그러면 자기 인생을 망치게 될 것이라고 생각하고 있었다. 이 문제를 해결하기 위해 동생에게 한 것처럼 그 형에게도 암시를 걸었다. 결과는 아주 좋았다. 첫 시도에서 형의 증오심은 완전히 사라졌다. 그 후로 이 형제는 아주 사이좋게 지내고 있다. 나는 지속적으로 이 형제의 상태를 지켜보고 있는데 시간이 지날수록 암시 치료의 효과는 영구적이라는 확신이 강해지고 있다.

이 암시 요법을 소년원에서 시행한다면 어떻게 될까? 두말할 필요 없이 확실한 효과를 장담할 수 있다. 그들에게 암시 요법을 시행하면 적어도 절반의 청소년들은 교화가 가능하다. 잘못된 도덕적 관념의 작용으로 인해 마음이 피폐해진 청소년들을 건전한 성인으로 거듭나게 해 사회로 복귀시킬 수 있다면 얼마나 놀랍고 보람된 일인가.

물론 암시 요법이 나쁜 목적에 이용될 수 있다고 우려할 수도 있다. 하지만 그런 우려야말로 공연한 것이다. 그것은 누가 암시 요법을 실행할 것인가의 문제인데, 당연히 누구나 신뢰할 수 있는 사람, 즉 소년원의 의료진들이 담당하게 될 것이다. 또 이들이 암시 요법을 악용하려 한다 해도 암시를 받는 사람이 그것을 수용할 리 없다. 설혹 암시의 위험성을 인정한다 하더라도 과연 이 세상에 전혀 위험하지 않은 것이 있을 수 있을까. 화약, 원자로, 철도, 전기, 자동차, 비행기 등등 모두 일정한 위험이 따른다. 작은 것을 확대해서 해석하는 침소봉대의 태도는 변화시킬 수 있는 환자의 귀한 인생을 망치게 할 수도 있다.

우리 안에는 무한한 힘의 원천이 있다. 그 힘은 올바로 인식하지 못하고 아무렇게나 사용하면 자신에게 피해를 입히기도 하지만, 제대로 인식하게 되면 자기 스스로를 제어할 수 있게 되고 질병을 치료하고 예방할 수 있다. 더 나아가 다른 사람의 고통을 치유할 수 있으며, 무엇보다도 자신의 삶을 행복하고 아름답게 가꿔나갈 수 있다.

　　자신이든 타인이든 갈 길을 찾지 못해 방황하는 마음
을 올바르게 인도할 수 있는 것은 오직 의식적 자기암시뿐
이다.

자녀들을 위한 최고의 교육법,
자기암시

Day by day, in Everyway, I am getting better and better

부모의 암시대로 자라는 아이들

아이들 교육은 태아 때부터 시작해야 한다. 자신의 임신 사실을 알게 된 임산부는 태어날 아이의 성별이나 성격, 외모 등에 대한 기대와 바람을 가지게 된다. 이런 엄마의 바람은 임신 기간 내내 지속된다. 그러면 그 아이는 엄마가 마음속에 품었던 이미지대로의 외모와 특징을 가지고 태어나게 된다. 옛날 스파르타의 여인들은 신체적으로 건강한 아이들을 낳았다고 한다. 그 이유는 엄마들이 임신했을 때 강인한 전사가 태어나기를 간절히 바랐기 때문이다. 그 반면에 아테네의 여인들은 육체적 강인함보다는 지적인 능력이 높은 아이들을 낳았다.

태 안에 있을 때부터 엄마가 끊임없이 자기에게 준 암시를 자연스럽게 받아들여서 태어난 아이는 그 암시를 곧 자기암시로 확장시키게 되고 그로 인해 자신의 삶을 주도해 갈 자질을 갖게 된다. 우리의 말과 행동이란 사실 다른 이가 보여준 행동이나 말의 무의식적 암시가 자기암시로 전환된 결과물이기 때문이다.

따라서 아이들의 미래는 특히 교육을 담당하는 부모나 교사들이 그들에게 부정적인 자기암시 대신 긍정적인 자기암시를 심어주는 데에 달려 있다. 언제 어느 때나 일관된 태도로 아이들을 따뜻하게 대하고 말을 할 때는 부드러운 어조로 분명하게 해야 한다. 아이들을 항상 이런 태도로 대하면 어른의 권위에 무조건 반항하려는 마음이 일지 않고 공손한 마음과 수용적인 태도를 지니게 된다.

말을 통한 자기암시

무엇보다 중요한 것은 말로든 행동으로든 폭력을 사용해서는 절대 안 된다. 폭력적인 말과 행동, 지나치게 엄격하고 혹독한 태도는 아이들의 무의식에 자기가 싫어하는 사람에게는 폭력을 휘둘러도 된다는 관념을 심어 줄 수 있기 때문이다.

우리는 가끔 별 뜻 없이 어떤 사람이 없는 자리에서 그 사람 흉을 보는 경우가 있다. 만일 그 자리에 아이가 있었고 그 본을 받게 되면 어쩌면 나중에 피할 수 없는 큰 파멸을 초래하는 일이 생길 수도 있다. 아이가 주변의 사물이나 여러 일들에 대해 이해하고 사랑하는 마음을 가질 수 있도록 차분하고 부드럽게 설명을 해주고, 또 그런 것에 호기심과 관심을 가질 수 있도록 유도해야 한다. 아이의 질문에 '귀찮게 하지 마라', '조용히 하고 있어라' 혹은 '나중에 얘기해 줄게' 하는 식으로 거절해서 흥미를 잃게 해서는 안 된다.

어떤 상황에서도 '도대체 잘하는 게 뭐니? 너는 아무짝에도 쓸모없는 사람이야!' 같은 말은 절대로 해서는 안 된다. 이런 식의 말은 아이의 마음속에 더 깊숙이 새겨지기 때문이다.

아이가 공부에 흥미가 없고 성적이 좋지 않을 때는 일부러라도 '잘했다. 곧 공부를 더 잘하게 될 거야. 그렇지!'라고 칭찬을 해주는 것이 좋다. 그 말이 사실이 아니더라도 뜻밖의 칭찬에 아이는 기분이 좋아져서 공부에 흥미를 느끼게 되고 조금씩 성적이 오르게 되어 있다. 아이에게 직설적으로 공부를 못한다고 말해서는 안 된다. 그러면 나쁜 자기암시를 불러일으키게 되기 때문이다.

아이 앞에서는 건강문제에 나쁜 암시를 일으키지 않도록 조심해야 한다. 사람은 일반적으로는 늘 건강한 상태인데 병에 걸리는 것은 심신의 균형 상태가 깨질 때 오는 이상 현상이며, 늘 규칙적인 생활을 하면 병에 걸리지 않고 건강을 유지할 수 있다고 말해준다.

또한 계절이나 환경에 대한 두려움을 갖지 않도록 강한 마음을 심어 주어야 한다. 더위나 추위, 비바람, 그 밖의 힘든 일들을 두렵게 생각해서 마음에 병이 오지 않게 해야 한다. 인간은 누구나 어떤 환경에서도 굴복하지 않고 변화와 시련을 견디고 극복할 수 있는 힘을 가지고 있으며 환경에 대해 불평하지 말고 인내할 줄 알아야 한다고 가르쳐야 한다.

귀신이나 괴물 이야기 같은 것을 지나치게 해서 아이에게 공포심을 갖게 하는 것도 좋지 않다. 유아기에 생긴 공포심은 성인이 되어서도 그대로 영향을 미치게 된다.

아이를 직접 돌보기 힘들어서 돌봐 줄 사람을 찾을 때는 신중하게 선택해야 한다. 아이를 사랑하는 마음뿐 아니라 아이의 마음을 잘 이해할 수 있는 자질을 가진 사람에게 맡겨야 한다.

올바른 가치관을 심어주는 자기암시

아이에게 공부에 대한 흥미와 일의 소중함을 깨닫게 해 주는 것이 중요하다. 공부를 할 때는 알기 쉽게 차근차근 설명해 주고, 이해를 돕기 위해 비유나 일화를 들려주는 것도 좋다.

일은 인간에게 아주 소중하고 필요한 것임을 깨닫게 해준다. 일을 해야 건강하게 살 수 있고 다른 것이 줄 수 없는 만족감을 얻을 수 있다는 것과, 일을 하지 않는 사람은 결국 쓸모없는 사람이 되어 사회에서 인정받지 못하는 존재가 된다는 것을 알려준다.

게으르게 살다 보면 허황된 욕망만 가득해지고 그 욕망을 채우지 못한 결과 신경쇠약에 걸려 인생을 비관하게 된다. 게으른 사람은 만족하지 못한 욕망을 충족하기 위해 방탕한 길로 빠지거나 범죄를 저지르게 된다는 것을 확실하게 인식시키는 것이 중요하다.

모든 사람들에게 예의바르고 친절하게 대하도록 가르쳐야 한다. 특히 자기보다 사회적 지위가 낮거나 가진 것이 없는 사람들을 무례하게 대하지 않도록 늘 공손한 태도를 가져야 하고, 노인을 공경하고, 노인들의 육체적·정신적 장애를 비웃지 않도록 가르쳐야 한다.

모든 사람들을 차별 없이 사랑하도록 교육시켜야 하며, 도움을 필요로 하는 사람에게는 언제나 기꺼이 도움을 주고, 궁지에 빠진 이에게는 망설임 없이 시간과 돈을 쓸 줄 알도록 가르쳐야 한다. 늘 다른 사람을 배려하는 법을 가르쳐야 한다.

이런 마음을 가꿔나가면 이기적인 사람들은 도저히 알 수 없는 깊고 숭고한 만족감을 얻을 수 있음을 알려 준다.

성공을 부르는 자기암시

아이들에게는 자신감을 심어주어야 한다. 어떤 일을 시작하기 전에는 충동적으로 저지르지 않고 앞뒤를 잘 살펴 결정하고 일단 결정을 내리면, 상황에 위축되지 말고 해나가고, 자신의 생각이 잘못되었다고 판단되기 전까지는 처음의 결정을 관철하는 힘을 길러야 한다.

'나는 성공할 것이다'라는 확신의 중요성을 일깨워야 한다. 이런 확신을 가지고 살아가는 사람은 반드시 성공할 것이다. 하지만 성공은 아무런 행동을 하지 않아도 주어지는 것이 아니라, 성공한다는 확신을 가지면 그 꿈을 실현하기 위해 할 수 있는 일을 하게 된다고 알려주어야 한다.

성공할 것이라는 확신이 있는 사람은 기회를 잘 이용할

줄 알게 된다. 아주 작은 기회라도 그것을 좋은 방향으로 이끌어갈 수 있는 힘을 얻기 때문이다. 자신의 성공을 믿지 못하는 사람은 성공할 수 없다. 이런 사람은 아무리 좋은 기회가 자주 찾아와도 제대로 잡을 수가 없다. 성공할 것이라는 확신이 없는 노력은 모두 허사로 돌아가기 때문이다. 실패의 원인은 바로 자기 자신에게 있다.

사실 그런 사람들은 기회가 둥둥 떠다니는 바다를 헤엄치고 있다는 것을 모른다. 머리숱은 많지만 정작 한 가닥도 손에 쥐지 못하는 것이다. 그러면서 실패를 만들어내는 결정들을 자초한다. 하지만 마음속에 성공에 대한 확신을 갖진 사람들은 무의식에 영향을 주어 자기암시를 통한 성공을 거두게 되는 것이다.

아이들에게는 늘 실례를 들어서 가르쳐야 한다. 아이들은 쉽게 암시가 걸리기 때문에 바라는 모습의 실제 예를 보여주면 그렇게 따라 하기 마련이다. 아이가 말을 배우게 되면 자기 전에나 자고 일어나서 '나는 날마다, 모든 면에서, 점점 더 좋아지고 있다'라는 말을 스무 번씩 반복하게 한다. 이 말은 아이들에게 건강한 신체와 정신을 유지하게 하고 좋은 환경을 만들어 줄 것이다.

잠든 아이에게 하는 암시

아이가 잠자리에 들면 엄마나 아빠 중에 한 사람이 조용히 아이 곁으로 가서, 아이가 깨지 않도록 나직하고 부드러운 목소리로 공부, 건강, 집중력 등 아이에게 바라는 습관이나 덕목 등을 15회 내지 20회 반복한다.

이것은 지극히 간단한 방법이지만 아주 좋은 결과를 낳는다. 그 이유는 단순하다. 아이가 잠이 들면 아이의 몸과 의식적 자아는 휴식 상태에 들어간다. 하지만 무의식적 자아는 잠들지 않고 깨어 있다. 따라서 잠이 든 아이에게 말을 걸면 자연스럽게 아이의 무의식이 듣게 된다. 무의식적 자아는 무엇이든 그대로 믿는 경향이 있기 때문에 부모가 말한 모든 것들을 거부하지 않고 받아들인다. 그래서 부모가 이야기한 대로 조금씩 좋은 덕목과 삶의 습관을 갖춰나가게 된다. 이런 암시법은 자신의 결점을 좋은 장점으로 바꾸는 데 큰 도움이 될 것이다.

학습 효과를 높이는 자기암시

교사는 학교에서 암시를 행하는 것이 가능하다. 매일 수업 전에 학생들에게 눈을 감도록 하고 이야기를 시작한다.

"모두들 마음을 편하게 하세요. 어떤 사람을 만나든 언제나 친절하고 공손하게 대하세요. 부모님이나 선생님들이 어떤 점을 지적하거나 어떤 것을 하라고 한다면 그것을 지겹다거나 귀찮다고 생각하지 말고 자신을 위해 새겨듣고 기꺼이 실천해야 합니다. 그러면 그런 이야기를 해준 분들에게 진심으로 고마움을 느끼게 될 거예요."

"앞으로는 모든 과목이 재미있게 될 거예요. 수업 중에 외워야 할 것이 많거나, 생각할 것이 많더라도 즐겁다고 생각하세요. 전에는 재미없던 과목도 앞으로는 재미있어질 거예요. 수업 중에는 선생님의 말씀에 집중이 더 잘 될 겁니다. 앞으로는 여러분 모두 쉽게 공부해 나가게 될 겁니다."

"다른 친구들의 말이나 행동 같은 것에 한눈을 팔거나

딴짓을 하지 않게 될 거예요. 이렇게 되면 똑똑한 여러분들은 배운 것을 잊지 않고 기억하게 될 거예요. 머릿속에 기억해둔 것들은 생활을 할 때나 시험을 볼 때, 필요할 때면 언제나 꺼내서 쓸 수 있을 거예요. 집에서 혼자 공부를 할 때도 학교에서와 똑같이 집중할 수 있게 되고 시험에서 좋은 성적을 거둘 수 있을 거예요."

이런 조언을 늘 학생들에게 되풀이하고 이를 받아들인 학생들은 신체적·정신적으로 건강하고 훌륭한 자질을 갖추어 나가게 될 것이다.

믿음과
자신감을
위한
자기암시

4부

당신이 원하는 것을

얻을 수 있다고 믿어라.

그것이 이치를 거스르는 일만 아니라면

반드시 얻게 될 것이다.

생각은 곧
현실이 될 수 있다
- 에밀 쿠에 강연

Day by day, in Everyway, I am getting better and better

여러분들 중에는 자기암시에 대해 이미 잘 알고 계신 분도 있고 그렇지 못한 분도 계실 것입니다. 그래서 먼저 자기암시가 무엇인지 몇 마디로 간단하게 설명하고 이야기를 시작하겠습니다.

첫째는 우리 마음속에서 일어나는 생각은 현실이 될 수 있다는 것입니다. 사실 관계와 상관없이 실제로 일어날 수 있습니다. 왜냐하면 똑같은 사건을 두고 열 사람이면 열 사람 모두 다른 관점으로 바라보기 때문입니다.

예를 들어 어떤 범죄 사건에 30명의 증인이 있었다고 합시다. 그러면 그 30명의 증인들은 30가지의 증언을 하게 될 것입니다. 왜냐하면 30명 모두 자기 관점에서 그 사건을 바라보기 때문입니다. 어떤 사람은 유죄라고 생각하지만 다른 사람은 무죄로 보는 것입니다.

우리 마음속의 모든 생각들은 일어날 가능성만 있다면 다 현실로 일어날 수 있습니다. '일어날 수 있는 가능성'이란 조건이 붙는 것은 전혀 불가능한 생각, 이를테면 이미 잃어버린 다리나 팔이 몸에서 다시 생기기를 바라는 것과 같은 일은 일어날 수 없기 때문입니다. 그러나 현실에서 충분히 가능한 생각이라면 그 일은 현실로 나타납니다.

불면증이 무엇입니까? 그것은 '나는 잘 수 없다'라는 생각입니다. '나는 잘 수 없다'라고 생각하면 당연히 잘 수 없는 것입니다. 반대로 잠을 잘 자는 사람은 잠을 자려고 누우면 곧 잠들 것이라고 생각하는 사람입니다.

'나는 변비에 걸렸다. 혹은 나는 변비에 걸릴 거다'라고 생각하는 사람은 변비에 걸릴 것입니다. 이런 사람은 약을 먹기 전에는 결코 대장을 비우지 못할 것입니다. 그런데 이런 사람에게 겉으로는 변비약처럼 보이지만 실제로는 밀가루나 전분가루가 들어 있는 캡슐을 치료약이라고 말하고 먹인다고 해봅시다. 그러면 그 환자는 진짜 변비약을 먹은 것처럼 장이 정상적인 연동운동을 시작하게 됩니다. 이런 반응은 물론 그 환자가 약이 바뀐 것에 대해 전혀 모를 때만 가능한 일입니다. 또 증류수를 모르핀이라고 말하고 주사해도 같은 현상이 나타납니다. 주사를 맞은 사람이 모르핀 주사를 맞았다고 생각하면 모르핀 주사를 맞은 것처럼 통증이 완화되는 효과가 나타나는 것입니다.

우리가 실현 가능성의 테두리 안에서 하는 모든 생각은 현실이 될 수 있습니다. 신체의 어느 곳에 병이 생겼다면 나을 것이라고 생각하면 정말 나을 수 있습니다. 이것을 믿는 것이 가장 중요합니다.

두 번째는 사람들이 일반적으로 알고 있는 것과는 달리 인간에게 가장 큰 힘을 발휘하는 것은 의지가 아니라 상상이라는 것입니다.

우리는 의지가 있으면 무엇이든 할 수 있다고 생각합니다. 하지만 우리의 생각과는 달리 모든 것을 가능하게 하는 것은 의지가 아니라 상상입니다. 상상은 의지를 이깁니다. 마음속의 의지와 머릿속의 상상이 부딪힐 때마다 의도했던 일은 무산되고 오히려 그 반대의 결과가 나오곤 합니다.

밤에 잠이 오지 않을 때는 굳이 자려고 애쓰지 않고 편안하게있으면 어느 사이엔가 잠들게 됩니다. 그런데 어떡해서든 잠들려고 엎치락뒤치락하면 짜증만 늘고 오히려 흥분해서 정신이 또렷해집니다. 그래서 속으로 '나는 자야 돼! 그런데 잘 수 없을 거야!'라고 스스로에게 속삭이게 되는 것입니다.

사람의 이름이 기억나지 않는 것도 마찬가지입니다. '그 사람의 이름을 생각해 내야만 해! 그런데 생각나지 않을 거야. 잊어버렸어'라고 생각하면 기억해낼 수 없습니다. 그때는 이렇게 되뇌어야 합니다. '곧 기억날 거야' 그러면 '생각나지 않는다'는 생각이 '기억날 거야'라는 생각으로 바뀌면서 '아, 그 사람 이름은 ○○○였지'하고 바로 떠오르게 됩니다.

어떤 상황에서 아무리 노력해도 웃음이 멈춰지지 않는 경험을 누구나 한번쯤은 해 보았을 것입니다. 오히려 참으려고 하면 할수록 웃음소리는 더 크게 납니다. 그때의 마음이 바로 '그만 웃어야 해! 하지만 그게 안 돼'라고 생각하고 있는 것입니다.

처음 자전거를 배울 때도 눈앞에 강아지나 돌부리 등 장애물이 보입니다. 그러면 '절대 부딪치지 않을 거야!' 하면서 핸들을 잡지만 자전거 바퀴는 점점 피해야 할 장애물 쪽으로 갑니다. 그때 마음이 바로 '장애물을 피해야 해, 하지만 할 수 없어'라고 생각하고 있기 때문입니다.

마지막으로 말을 더듬을 때를 예를 들어보겠습니다. 말을 더듬는 사람은 '자 더듬지 말고 인사를 해야 해'라고 생각할수록 더욱더 더듬게 됩니다. 아마 평소에 말할 때보다 더 더듬게 될 것입니다. 마음이 바로 '더듬지 않고 싶지만 더듬게 될 거야'라고 생각하고 있기 때문입니다.

다시 강조하지만, 의지와 상상이 부딪히면 의도대로 되지 않을 뿐만 아니라 오히려 정반대의 일이 일어납니다. 왜 그런 일이 일어납니까? 우리 안에 두 개의 자아가 있기 때문입니다. 우리가 잘 알고 있다고 생각하는 의식적인 자아와 잘 모르고 있는 무의식적 자아, 혹은 우리가 거의 신경을 쓰지 않는 상상이 있습니다. 상상은 우리의 안내자입니다. 우리가 이 두 번째 자아를 의식적으로 다룰 수만 있다면 우리는 우리 자신을 진정으로 조종할 수 있게 됩니다.

비유를 들어 설명해보겠습니다. 여러분이 마구를 단 말이 모는 마차에 타고 있다고 합시다. 그런데 실수로 고삐 채우는 것을 잊었다고 하면 어떻게 되겠습니까? 그런 말에게 채찍을 휘둘러 '이랴' 하고 명령하면 어떻게 될까요? 말은 여러분을 태운 채로 자기 내키는 대로 무작정 달리게 될 것입니다. 이번에는 말에게 고삐를 단단히 채웠다고 합시다. 그러면 여러분은 그 말을 원하는 방향으로 몰고 가 목적지에 다다를 수 있게 됩니다.

실제로 실험을 해보면 더 잘 이해하게 될 겁니다.

나는 여러분 중 몇 분에게 실험을 해볼까 합니다. 그분들에게 의식적으로 마음속에 의지와 상상이 갈등하는 상황을 상상하라고 하겠습니다. '이런 일을 하고 싶어. 하지만 할 수 없어'라고 상상하게 하는 것입니다.

(한 소녀를 앞으로 나오게 한다)

"양손을 가능한 꼭 쥐세요. 부르르 떨리도록 힘을 주어 주먹을 쥐세요."

(소녀는 주먹을 쥐고 쿠에 박사의 말대로 손이 떨리도록 힘을 준다)

"이제 자신에게 이렇게 말해보세요. '나는 주먹을 펼 거야, 그러나 할 수 없어. 할 수 없어'라고. 당신의 손은 굳었습니다. 아주 세게 굳어 펴지지 않습니다."

(주먹 쥔 소녀의 손가락에 더욱 굳게 힘이 들어가고, 떨린다)

아무리 떼려고 애를 써도 당신의 주먹은 원래 그랬던 것처럼 단단히 쥐어져 있습니다. 주먹을 펴려고 하면 할수록 더욱 굳어집니다. 이제 이렇게 생각하세요. '할 수 있어'

(소녀의 주먹이 펴진다)

자, 이제 아시겠지요. 터무니없는 소리처럼 들리겠지만 생각하는 것만으로도 현실이 되기에 충분하다는 것을 아셨을 겁니다. 단지 할 수 없을 거라는 생각만으로 손을 펼 수 없게 된다는 건 어처구니가 없는 일입니다. 하지만 실제로 그렇게 됩니다.

그때 한 환자가 쿠에 박사에게 말한다.

"그럼 낫게 해야지라고 말해야겠군요."

"아닙니다. 그건 잘못 이해한 것입니다. 자신에게 나을 거야 라고 말하면 상상은 완전히 반대로 '낫게 될 거라고. 어디 그렇게 되나 보자!'라고 할 것입니다. 그것은 의지이기 때문입니다. 의지로 말을 하면 상상은 정반대의 결과가 나오도록 훼방을 놓습니다. 따라서 나아야 해라고 말하지 말고 점점 좋아지고 있어라고 말하십시오."

"지금까지 만난 모든 전문가들은 저에게 의지를 키우는 훈련을 해야 한다고 말했습니다. 한 의사는 제게 의지를 가지라고 말하면서 일 년 동안 제 불면증을 고치려고 했지만 결국 손을 들고 말았어요. 그러더니 '당신 병은 고치지 못할 거예요. 그냥 현재에 만족하면서 견디는 법을 배우세요!'라고 하더군요."

"맞습니다. 그들은 그렇게밖에는 생각을 못하지요. 제가 치료한 환자 중 한 분은 35년 동안 불면으로 시달렸지만, 지난 4일 동안 아주 푹 잤다고 합니다."

(바로 그 환자가 말한다)

"오늘 아침 저는 6시까지 잤습니다. 눈을 떴을 때 저는 여느 때처럼 밤 11시쯤 되었을 거라 생각했지만, 창밖에서 들려오는 소리를 듣고는 아침이란 걸 알았습니다."

다시 실험으로 돌아갑시다.

(한 신경증 환자가 실험에 참여한다. 그에게 주먹을 쥐어 보라고 했지만 그는 실험을 잘 이해하지 못했고 주먹을 쥐질 못했다)

"좋습니다. 이런 일이 생겨서 오히려 잘 됐습니다. 많은 분들이 이 실험이 의지에 의해 진행된다고 오해하고 있기 때문입니다. 제가 이분에게 어떤 요구를 했는데, 이분은 아직 이해를 못하시는 것 같습니다. 자, 다시 실험 중에 이렇게 생각하도록 노력하세요. '나는 할 수 없다' 계속 빠르게 반복해서 '나는 할 수 없다'라고 생각하세요. 당신이 정말로 '할 수 없다'고 생각하면 주먹을 펼 수 없을 겁니다.

이제 됐군요! 좋습니다. 잘못된 것처럼 보이는데도 항상 맞습니다. 그것은 제가 말하는 대로가 아니라 여러분이 생각하는 대로 일이 일어나기 때문입니다. 제가 여러분에게 보여주고자 하는 것은 여러분이 생각하는 대로 현실이 된다는 사실입니다. 단지 이 실험뿐만이 아니라 여러분이 상상하는 것이 이루어지도록 해야 합니다. 혼자서는 이런 실험을 하지 마십시오. 왜냐하면 제가 여러분에게 요구하는 것은 성공을 위한 마음 상태를 갖추도록 하는 것입니다.

어떻게 생각해야 하는지를 모르거나, 아니면 잘못된 방향으로 생각하는 사람에게 저는 반복해서 '할 수 없다. 할 수 없다'라고 생각하도록 합니다. 그러면 '할 수 있다'라고 생각하기가 쉽지 않습니다.

선생님은 확신을 하지 못하고 있군요. 하지만 지금까지 제가 한 말을 유의해서 들으셨지요. 그래도 혼자서는 이 실험을 하지 마세요. 대개는 잘 안 될 것입니다. 실험이 실패하면 믿음도 사라집니다.

이제 다른 분에게 실험을 하겠습니다. 아이와 한 젊은 남자에게 다가간다.

(아이에게) 자, 이 연필을 손가락으로 쥐세요. 그리고 '나는 이걸 떨어뜨리고 싶지만 할 수 없다'라고 말해 보세요.

(아이는 연필을 쥐고 떨어뜨리려 하지만 그럴수록 연필을 더 꼭 쥐게 된다)

자, 이제는 '할 수 있다'고 생각하세요.

(순간 연필이 바닥으로 떨어진다)

(다른 아이에게) 일어나세요. 저쪽에 있는 친구의 머리에 한 방 날리는 거예요. 속으로는 이렇게 생각하세요. '저 애를 때리고 싶어. 그러나 할 수 없어!' 그러면 주먹이 다가가다 멈출 거예요. 친구의 머리 앞에 쿠션이 있는 것처럼 말이에요.

(어느 청년에게) 일어나서 이렇게 생각하세요. '내 다리는 뻣뻣하다. 나는 걷고 싶지만 걸을 수 없다' 그러면서 걸으려고 하면 마치 넘어질 것 같은 느낌이 들 겁니다.

(그 청년은 일어나서 다리를 꼿꼿이 세우고 걸으려고 하더니 곧 비틀거리며 넘어진다)

자, 이제는 '걸을 수 있다'고 생각하세요.

(청년은 굳은 다리를 풀고 걷기 시작한다)

이번에는 다른 청년에게 말한다.

'나는 의자에 붙었다. 일어나고 싶지만, 할 수 없다'라고 생각해 보세요.

(청년은 일어나려고 애를 쓰지만 의자에 더욱 밀착되어 떨어지지 않는다)

이제 '나는 더 이상 의자에 붙어 있지 않다'고 생각하세요. '나는 일어날 수 있다!'라고요.

(청년은 의자에서 쉽게 일어난다)

여러분은 이 실험에서 무엇을 보았습니까? 우리가 생각하는 것은 가능성만 있으면 현실이 됩니다. 계속해서 바른 방향으로만 생각한다면 말입니다. 몇 초 동안 잠깐 동안 '할 수 없다'는 생각을 하다 곧바로 '할 수 있다'고 생각을 바꾸어 보세요. 비록 처음에는 할 수 없다고 생각했어도 곧 할 수 있게 된다는 것을 알 수 있을 것입니다.

자기암시에
관한
질문들

5부

잘 모르는 일을 가지고 따지지 말라.

스스로를 우습게 만들 뿐이다.

기적처럼 보이는 일도

아주 자연스러운 인과법칙에 의해 발생한다.

특이하게 보이는 일들은

그저 당신이 알지 못하는 원인인 것 뿐이다.

당신이 그 원인을 알면,

세상에 기적이란 없다는 것을 알게 될 것이다.

의식적 자기암시 수행에 관한
몇 가지 질문 1
- 에밀 쿠에

Day by day, in Everyway, I am getting better and better

Q 저는 선생님의 말씀대로 실천하고 계속 구절을 외우며 암시를 걸었는데 왜 좋은 결과가 없을까요?

A 그것은 아마 당신의 마음 어딘가에서 무의식이 그 효과를 의심하고 있거나, 아니면 노력을 했기 때문일 겁니다. 노력은 의지의 산물이라는 것을 기억하세요. 의지가 들어가면 그 상상은 아주 위험해집니다. 그 상상은 원했던 것과 다른 것을 불러일으키게 되고 그로 인해 정반대의 결과가 나타납니다.

Q 일상에서 괴로운 일이 생기면 어떻게 해야 하나요?

A 그럴 때는 즉시 이렇게 반복하세요. '이건 전혀 문제될 일이 아니야! 별것 아니야. 훨씬 더 좋아질 거야!'라고. 이런 생각이 괴로운 마음 상태를 좋은 상태로 바꾸어 줍니다.

Q 모든 피시술자에게 4단계의 준비 실험을 꼭 해야만 하나요? 피시술자가 달갑게 여기지 않는 경우도 있거든요.

A 꼭 해야만 하는 것은 아닙니다. 하지만 하는 것이 좋습니다. 준비단계의 기초 실험들을 유치하다고 느끼는 사람들도 있지만, 그 실험을 통해 아주 중요한 다음 세 가지를 증명할 수 있기 때문입니다.

첫째, 우리 마음속의 모든 생각은 현실이 될 수 있고 행동으로 변화되는 경향이 있습니다.

둘째, 상상과 의지가 부딪히면 항상 상상이 승리합니다. 그리고 의지는 우리가 바라는 것과 반대의 결과가 일어납니다.

셋째, 아무런 노력 없이 바라는 대로 생각하는 것은 쉬운 일입니다. 지금까지 우리는 노력과 상관없이 마음속으로 할 수 있다라고 생각한 뒤에 곧바로 할 수 없다고 생각해왔습니다.

단 준비 실험은 집에 혼자 있을 때 해서는 안 됩니다. 혼자서는 제대로 정신적·신체적인 상태를 만들기 어렵습니다. 그러면 실패할 확률이 커지고 자기 확신이 깨지기 쉽습니다.

Q 육체적인 고통이 올 때, 어떻게 괴롭다는 생각을 하지 않을 수 있을까요?

A 괴롭다고 생각하는 것을 두려워해서는 안 됩니다. 괴로움을 떠올리면서 '나는 이 괴로움이 두렵지 않다'라고 말하십시오. 만약에 어떤 곳에 갔는데 큰 개가 당신을 보고 짖어댄다고 합시다. 이럴 때 두 눈을 부릅뜨고 똑바로 그 개를 응시하면 개는 달려들지 않습니다. 그러나 개가 두려워서 등을 돌리면 개는 당신을 물어버릴 겁니다.

Q 기간을 정해 놓고 묵상하고 자기를 성찰하는 기도를 하는 것은 어떻습니까?

A 일상과 떨어져서 하지 말고 일상에서 실천하세요.

Q 내가 진정으로 원하는 것이 무엇인지 어떻게 알 수 있

을까요?

　A 원하는 것을 자주 암송하세요. '나는 자신감을 갖게 될 것이다', '기억력이 점점 좋아지고 있다', '나는 완전히 내 자신을 통제할 수 있다' 등등. 그러면 어느새 그렇게 됩니다. 반대의 것을 말하면, 그것이 이루어지겠지요. 자기의 생각을 끊임없이 소리 내어 빨리 암송하면 그것은 이루어집니다. 물론 현실에서 가능한 일이어야 합니다.

의식적 자기암시 수행에 관한
몇 가지 질문 2
- 에밀 레옹(Emile Leon)

Day by day, in Everyway, I am getting better and better

Q 자기암시에 따른다면 하느님의 말씀에 복종하고 따르는 것은 가치가 없습니까?

A 우리가 원하건 원하지 않건, 우리의 상상과 의지가 부딪히면 항상 상상이 이깁니다. 하지만 이성을 이용하면 상상을 바른 길로 유도할 수 있습니다. 무의식적으로 잘못된 길로 나아가는 대신 의식적인 자동화 과정을 거치는 것입니다.

Q 그렇습니다. 의식적 자기암시는 우리가 스스로 만든 장애로부터 우리를 벗어날 수 있게 합니다. 그 장애물은 마치 햇빛을 막는 커튼처럼 우리와 하느님 사이에 놓여 있는

것 같습니다. 그런다면 고통받는 사람들에게 이 요법을 어떻게 알려주면 좋겠습니까?

A 강요하거나 가르치려고 하지 마세요. 그저 그 힘이 모두의 속에 이미 있다는 것만 일깨워 주세요. 원하는 결과를 얻을 수 있게 해주는 이 힘을 확신할 수 있도록 도와주기만 하면 됩니다.

Q '나는 잠이 들 것이다', '이것은 사라질 것이다' 와 같은 말들을 반복하면 효과가 있다는 것을 어떻게 설명해야 될까요? 반복의 힘과 영향력을 어떻게 전달할 수 있나요?

A 일단 같은 말을 반복하면 그 말을 깊이 생각하게 됩니다. 그러면 그 말이 사실이 되고 현실로 나타납니다.

Q 내적인 자기 통제를 어떻게 유지할 수 있나요?

A 자신을 통제하는 것은 그렇다고 생각하는 것만으로도 충분합니다. 생각을 하기 위해서 노력하지 말고 자연스럽게 자주 반복하면 됩니다.

Q 몸은 어떻게 자유로운 상태를 유지할 수 있을까요?

A 자기암시를 통한 자기 통제는 정신과 몸에 똑같이 적용됩니다. 정신을 통제할 때와 같은 방법으로 통제하면 됩니다.

Q 왜 어떤 환자들은 완치가 된 후에도 재발하는 경우가 생기는 것일까요?

A 그 환자가 발병을 예상하고 두려워했기 때문입니다. 그러면서 그 병을 계속 혐오했을 것입니다. 더 이상 발병하지 않을 거라고 마음먹었다면 그런 일은 없었을 것입니다.

Q 우울증에 시달리는 환자들은 어떻게 해야 합니까?

A 슬프다는 생각에 빠져 있으면 기분이 좋아질 리 없습니다. 생각을 바꾸어야 하는데 다른 생각을 하기 위해서는 '이것을 생각한다'고 입으로 말을 해야 합니다. 그러면 그대로 생각하게 되고 우울과 걱정이 사라질 것입니다.

Q 자기요법은 다른 치료법들과는 어떤 차이가 있습니까?

A 우리를 의지가 아니라 상상이 규제하게 하는 것입니

다. 그것이 가장 기본적이고 근본적인 것입니다.

Q 어떻게 하면 자기암시에 도달할 수 있을까요?

A 의식적 자기암시를 실천하면 됩니다. '마음속의 모든 생각은 사실이고 그것은 현실로 나타난다'는 것이 의식적 자기암시의 원칙입니다. 따라서 원하는 것은 반드시 얻게 되고, 원치 않는 것은 사라지게 됩니다. 그것이 몸과 관련된 것이건 마음과 관련된 것이건 상관없습니다. 자신이 원하는 것을 매일 아침저녁 늘 반복해서 말하는 것이 중요합니다.

에밀 쿠에에게
온
감사의
편지

6부

자기통제는 '그렇게 되고 있다'고

생각하는 것만으로 충분하다.

손이 떨리고 다리가 후들거리면,

곧 멈출것이라고 자신에게 말하라.

그러면 그 증세가 사라질 것이다.

시술자를 믿지 말고 당신 자신을 믿어라.

당신을 치료할 수 있는 힘은 오직 당신 안에 있다.

나는 그저 그 힘을 사용하는 법을 알려 줄 뿐이다.

중·고등 영어교사 시험 결과가 두 시간 전에 발표되었습니다. 제게 어떤 일이 벌어졌는지 선생님께 소식을 전하고자 마음이 급해 죽겠군요. 저는 시험에 높은 점수로 합격했습니다. 시험 전의 긴장으로 인한 울렁증 같은 것도 없었고 시험을 치는 동안에 저 자신이 놀랄 정도로 침착했습니다. 인터뷰를 하는 시험관들에게도 그런 인상을 주었고 저는 2등을 했다는 통보를 받았습니다. 가장 두려워했던 시험에서 큰 성공을 거둔 것입니다.

노트 : 1915년 심각한 신경과민으로 시험에 떨어졌던 젊은 여성의 경우이며, 자기암시로 그 증세가 사라져서 시험에 다시 응시해 200명 이상의 응시자 중 2등을 차지했다.

_ 김나지움 여교사 V. 1916년 8월

선생님께 암시 치료를 받고 그 고마움을 전하는 글을 쓸 수 있게 되어 정말 기쁘게 생각합니다. 저는 선생님을 만나기 전에는 숨이 차서 50미터도 혼자 걸을 수 없었습니다. 하지만 이제는 숨이 차지도, 지치지도 않고 몇 킬로미터를 걸을 수 있습니다. 하루에 몇 번씩 40분 정도 되는 거리를 걸어 다닙니다. 고통스러웠던 천식 증세도 완전히 사라졌습니다. 정말 감사드립니다.

_ 폴 세노. 1917년 8월. 낭시 141, 프랑스 스트라스부르가 141

어떻게 감사의 말을 드려야 할지 모르겠습니다. 저는 이 제 거의 완치되었습니다. 저는 오로지 이 날만을 고대해왔습니다. 감사합니다. 저는 양쪽 다리에 하지정맥류를 앓고 있어서 고통스러운 생활을 했었는데, 오른쪽 다리의 주먹만 한 하지정맥류는 이제 완전히 나았습니다. 정말 마법 같은 일입니다.

몇 주일 동안 저는 병 때문에 침대에서 일어날 수 없었 지만 선생님께서 보내주신 편지를 받고 나서부터 궤양이 낫기 시작했고 마침내 자리에서 일어날 수 있게 되었습니다. 왼쪽 다리는 아직 완전히 낫지 않았지만, 곧 회복될 거라 믿습니다.

저는 늘 잠자기 전과 잠에서 깨어나서 선생님께서 가르쳐주신 대로 확신을 갖고 암시 구절을 반복하고 있습니다. 전에는 다리가 마치 돌처럼 굳어서 스치기만 해도 통증이 왔는데 이제는 눌러도 아프지 않고 잘 걸을 수 있습니다. 정말 기쁩니다.

선생님께 감사의 글을 드립니다. 선생님께서 저를 수술의 위험으로부터 구해주셨습니다. 선생님은 제 생명을 구해주셨습니다. 저는 19일 동안 장 폐색증을 앓고 있었습니다. 그동안 여러 치료를 받았지만 소용이 없었는데 선생님의 자기암시 요법으로 몸의 기능이 정상으로 회복되었습니다.

_ S 부인. 1920년 2월. 프랑스 퐁타무쏭

선생님께 뭐라 감사의 말씀을 드려야 할지 모르겠습니다. 저는 15년 동안 천식으로 고통 받아 왔습니다. 매일 밤 숨이 막히는 괴로움을 겪어야 했습니다. 하지만 선생님의 강연에서 들은 자기암시법을 시행했더니 고통이 마법처럼 사라졌습니다. 정말 기적적인 일입니다. 제가 만난 의사들은 제 병이 평생 낫지 않을 거라고 단정했었거든요.

_ V부인. 1920년 2월. 프랑스 생디에

선생님이 알려주신 이 새로운 치료법에 대해 진심으로 감사의 마음을 전합니다. 마치 요정이 마술 지팡이로 마술을 부리는 것처럼 아주 간단한 방법으로 기적 같은 일이 계속 일어나고 있습니다. 저는 처음부터 선생님의 자기암시법과 그 실험에 관심을 가졌었는데 이제는 저 스스로 암시요법을 시행하면서 효과를 보고 있습니다. 저는 이제 자기암시의 열광적인 지지자가 되었습니다.

_ 바세 박사. 1920년 5월. 프랑스 뱅센느

저는 지난 8년간 자궁 탈장으로 고생했습니다. 그러다 지난 5개월 동안 선생님의 자기암시 요법을 실천했는데 이제 완전히 나았습니다. 진심으로 감사를 드립니다.

_ 술리에 부인. 1920년 5월. 프랑스 플라스 드 마르셰, 툴(Toul)

저는 11년 동안 매일 밤 천식과 불면증으로 끊임없이 고통 받았습니다. 그로 인해 몸은 쇠약해졌고, 아무 일도 할 수가 없었습니다. 몸은 지치고, 정신적으로도 우울하고, 망상과 근심에 싸여 한 발자국도 앞으로 나아갈 수가 없었습니다. 수많은 치료를 받았지만 소용이 없었습니다. 심지어

스위스에 가서 코 선반뼈 제거 수술도 받았지만 소용이 없었습니다. 1918년 11월, 병이 더욱 심해진 상태에서 큰일이 닥쳤습니다. 남편은 타지에서 근무하고 있었는데 엿새동안 독감을 심하게 앓던 아들이 세상을 떠났습니다. 열 살난 아들은 우리 부부의 유일한 기쁨이었는데 그 아이가 떠나자 저는 홀로 남게 되었습니다. 엄청난 슬픔이 밀려왔습니다. 아이를 구하지 못했다는 자책감으로 너무나 고통스러웠습니다. 차라리 미쳐버리거나 죽고 싶은 심정이었습니다. 근무지에서 돌아온 남편은 저를 새 의사에게 데려갔습니다. 그 의사는 약물 치료를 비롯해 여러 가지 치료방법을 시행했습니다. 물 좋기로 유명한 요양원에서 한 달을 보내고 돌아오기도 했지만 소용이 없었습니다. 천식은 재발했고 저의 삶은 '모든 면에서' 절망적이 되어 갔습니다. 그러다 선생님을 만났습니다.

10월에 처음으로 선생님의 강의를 들었을 때는 별다른 기대가 없었습니다. 하지만 11월 말에 접어든 지금 저는 완치되었습니다. 불면증, 우울증도 마법처럼 사라졌습니다. 이제는 아주 건강하고 자신감과 용기로 가득 차 있습니다. 정신적으로도 안정을 얻었습니다. 아이를 잃은 상처는 지울 수 없지만, 그래도 저는 행복합니다. 왜 진작 선생님을 만나지 못했을까요? 그러면 제 아이에게 유쾌하고 기운찬 엄마의 모습을 보여줄 수 있었을 텐데. 거듭거듭 감사드립니다. 선생님!

_ E. 이티예. 1920년 4월. 프랑스 파리 뤼 드 릴가

저는 이제 지난 30년 동안 저를 지치게 했던 병마와 맞설 수 있게 되었습니다. 지난 8월에 선생님을 알고 나서 큰 도움을 받게 되었습니다. 로레인의 집에 머무는 며칠 동안 저는 몸이 많이 아팠고 마음은 슬픔으로 가득 차 있었습니다. 근심과 걱정에 휩싸여 모든 것이 두려웠습니다. 마음의 평안도 몸의 건강도 모두 잃은 상태였습니다. 저는 인생의 벼랑 끝에 선 기분이었습니다. 신앙심도 없었던 저는 도와줄 사람이 간절히 필요했습니다. 그때 우연히 사촌의 집에서 선생님을 뵙게 되었습니다. 저는 이제 새로운 정신으로 일하면서 몸이 건강한 상태가 되도록 무의식에 암시를 걸고 있습니다. 그리고 전처럼 다시 건강해질 거라 확신합니다. 신장병과 당뇨 증세도 눈에 띄게 좋아지고 있고 곧 사라질 것입니다. 녹내장으로 인한 병세도 없어져 이제 눈도 잘 보

입니다. 정말 몸이 전체적으로 많이 좋아졌습니다.

_ T. H. 교수. 1920년 1월. Ch— 소재 Young Ladies' College

저는 좋은 성적을 받고 심사위원들의 찬사 속에 논문을 읽어내려 갔습니다. 저는 모든 영광을 선생님께 돌렸습니다. 하지만 선생님께서 그 자리에 계시지 않아 저명한 심사위원들이 선생님의 따뜻하고 동정심 가득한 목소리를 직접 듣지 못한다는 것이 안타까웠습니다. 선생님의 가르침을 이제는 대학에서 가르칠 수 있게 된 것입니다. 제게 고맙다는 말은 마세요. 제가 선생님께 진 빚에 비하면 아무것도 아니니까요.

_ 샤를 보두앵 교수. 스위스 제네바 장-자끄 연구소

선생님의 훌륭한 강연만큼 친절한 편지 잘 받았습니다. 선생님께서 자기암시와 타인암시의 연관성을 논리적으로 잘 설명해 주신 것을 보고 매우 기뻤습니다. 특히 자기암시의 과정 중에 의지가 개입되지 않도록 하라고 하신 점에 주목하게 됩니다. 이는 수많은 학자들과 의사들이 깨닫지 못하고 있는 점인 것 같습니다. 또한 저는 자기암시와 의지훈련은 확실하게 구분되어야 한다고 생각합니다.

_ 반 벨셍 박사. 1920년 3월. 벨기에 브뤼셀

선생님의 용기를 존경합니다. 그리고 선생님의 자기암시법이 제 친구들을 매우 유용하고 지적인 방향으로 이끌어 줄 것이라고 생각합니다. 저도 선생님의 가르침으로 제 환자들을 돌보았고 환자들은 많은 혜택을 받았습니다. 요양소에서 선별적으로 환자들에게 선생님의 요법을 적용하고 있는데 이미 눈에 띄는 효과를 보고 있습니다.

_ 베리용 박사. 1920년 3월. 프랑스 파리

저를 어떤 사람으로 생각하셨나요? 제가 선생님을 잊었다고 생각하셨겠죠? 천만에요, 저는 선생님이 제 인생에서 가장 고마운 분이라고 여기고 있습니다. 저는 매일 자기암시를 실천하고 있으며 하루하루 좋아지고 있습니다. 늘 선생님께 감사를 드립니다. 선생님의 이 훌륭한 방법을 실천하면서 제 자신을 다스릴 수 있게 되었을 뿐 아니라 점점 강해지고 있음을 느낍니다. 66살이나 먹은 사람이 이렇게 건강하게 살아갈 수 있다는 사실이 믿을 수 없을 정도입니다.

자기암시법을 알기 전에는 종종 지병에 시달렸는데 선생님의 가르침을 알고 나서는 그런 증세도 없어졌습니다. 주위 사람들에게 선행을 베푸시는 선생님은 복을 받게 되실 겁니다. 하느님께 감사드립니다.

_ M. 부인. 프랑스 쎄송—생—브리외

선생님의 자기암시 방법을 실천한 후 점점 모든 게 나아지고 있습니다. 꼭 감사를 드려야겠다는 마음에 편지를 씁니다. 폐의 이상도 사라지고 심장도 정상입니다. 저는 정말 건강해졌습니다.

_ 르메트르 부인. 1920년 6월. 프랑스 리슈몽

제 위장병이 정말 많이 좋아졌다고 말씀드릴 수 있게 되어 기쁩니다. 우리 아이의 허벅지에 계란만 하던 혹도 많이 적어졌습니다.

_ E. L. 프랑스 셍 끌레망

저는 결핵으로 왼쪽 다리를 세 번이나 수술을 받았습니다. 1920년 9월 다시 통증이 시작되었습니다. 의사들은 다시 수술을 받아야 한다고 했습니다. 발목에서 무릎까지 절개를 한 후, 수술을 하는데 여의치 않으면 절단을 해야 한다고 했습니다. 그러던 중 11월에 선생님께서 환자를 치료하신다는 소리를 듣고 찾아뵈었습니다. 그리고 강연을 들을 바로 그날 통증이 호전되는 걸 느꼈습니다. 저는 선생님의 지시를 따랐고 세 번을 찾아뵈었습니다. 세 번째 날, 저는 완치되었습니다.

_ L 부인. 프랑스 앙리(로렌느)

선생님의 책과 강의는 매우 흥미로웠습니다. 또한 선생님의 가르침은 세계 각국의 언어로 번역 출간되어야 합니다. 인종과 국적을 떠나 인간 누구나에게 있는 상상의 힘을 명쾌하게 설명하고 증명해 보였습니다. 그 힘을 잘못 사용해서 고통 받는 사람들에게 그 힘을 현명하게 쓸 수 있도록 해주셔서 많은 사람들에게 혜택을 주셨습니다.

저는 그동안 의지에 대해 다룬 책들을 통해 수많은 사상과 격언, 문구 등을 접했지만 선생님의 말씀이 가장 결론에 도달해 있었습니다. 제가 '자신감의 간편한 알약'이라고 부르는 선생님의 치유법은 확정적이며 또한 지적인 문구로 축

약되어 있다고 생각합니다.

_ 엔리크 C. 씨, 스페인 마드리드

'자기 통제'란 제목의 선생님의 글은 아주 강한 주장과 실례를 담고 있습니다. 의지를 상상으로 대체하는 것은 정말 훌륭한 성과라고 생각됩니다. 훨씬 단순하면서도 설득력이 있습니다.

_ A. F. 프랑스 레미레몽(Reimiremont)

제가 선생님께 진 빚을 감사의 글로 갚을 순 없겠지만 감사하단 말씀을 꼭 드리고 싶습니다. 자기암시는 저를 긍정적인 사람으로 바꾸어 주었습니다. 저는 지난 몇 전에 비하면 정말 많이 변했고 훨씬 좋아졌습니다. 병도 차츰 사라지고, 우울함도 차츰 줄어들고 있습니다. 전에는 계속 마르고 수척했는데 몇 년 동안 살이 붙고 몸무게도 늘었습니다. 모든 것이 선생님의 덕택입니다.

_ L., 프랑스 칸느(Cannes)

1917년부터 제 딸아이는 간질을 앓아 왔습니다. 여러 의사들이 말하기를 그 증세는 14살에서 15살쯤부터 없어지거나 아니면 악화될 거라 했습니다. 선생님을 알게 되어 12월부터 5월까지 아이를 선생님께 보냈습니다. 이제 우리 아이는 다 나았습니다. 6개월 동안 한 번도 발작이 없었습니다.

_ 페렝(샤를르), 프랑스 에세이 레 낭시(Essey-les-Nancy)

8년 동안 저는 자궁하수를 앓았습니다. 그런데 5개월 동안 자기암시를 실행한 결과, 완치되었습니다. 이 고마움을 어떻게 보답해야 할지 모르겠습니다.

_ 술리에 부인, 프랑스 플라스 뒤 마르쉐 6, 툴(Toul)

1917년부터 저는 녹내장을 앓아 왔습니다. 의사들은 수술을 해야 하지만 완치를 장담할 순 없다고 했습니다. 1920년 6월 선생님의 강연에 참가한 후, 증세가 호전되었습니다. 9월에는 안약을 쓰지 않아도 될 만큼 좋아졌습니다. 부풀어 있던 동공도 정상으로 돌아왔습니다. 기적처럼.

_ M. 부인, 프랑스 술로스

에밀 쿠에는 인간의 영혼을 꿰뚫어보는 방법을 통해 의

식적 자기암시를 기초로 한 심리요법을 찾아냈습니다. 그는 충분히 찬사를 받을 만합니다. 의지와 상상을 연관시켜 상상을 이끄는 법을 알아낸 그는 사람들에게 자신감을 심어주고 정신적인 힘을 열 배 이상 성장시키도록 도왔습니다.

_ P.R. 박사. 독일 프랑크푸르트

선생님의 시술을 자주 지켜볼 수 있도록 배려해 주심에 깊은 감사를 드립니다. 매일 결과를 보고 직접 암시를 시행할수록 선생님의 말씀처럼 자기암시는 무한한 가능성이 있다는 생각이 듭니다. 자기암시는 아이들의 육체적인 면은 물론, 의식을 변화시켜 범죄를 줄어들게 하는 등, 인간의 모든 삶 속에서 그 영향력을 발휘하고 있습니다. 그로 인해 잘못을 어떻게 꾸짖어야 할지에 대한 생각도 바뀌고 있습니다.

_ 미스 조세핀 M. 리처드슨

선생님의 저서 〈자기암시〉를 통하여 제가 이룬 커다란 성과에 대하여 선생님에게 몇 마디 감사의 말을 전하고자 합니다. 수많은 세월동안 저는 귀에 생긴 통증은 물론 이러저러한 질병에 시달린 나머지 신경쇠약에 걸려 내 생에 마지막을 고하려는 극단적인 결심을 하기도 했었습니다. 선생님의 치료법에 관하여 듣자마자 나는 곧바로 선생님이 쓴 책을 구하게 되었습니다. 신경쇠약의 증세가 심해서 그랬는지 처음에는 그렇게 커다란 확신을 할 수는 없었으나 개의치 않고 아침저녁으로 '나는 날마다, 모든 면에서, 점점 더 좋아지고 있다'를 반복했습니다. 그렇게 문장을 반복할 때마다 한층 편안해지는 느낌을 받더니 마음이 맑아지면서 어느 날 선생님의 치료법에 관하여 완전한 확신이 생기게 되었습니다. 그래서 나는 선생님의 치료법을 열심히 배웠고, 그 결과 그 치료법에 관하여 완전히 터득한 나머지 이제는 육체적 치유는 물론 무엇보다도 정신적으로도 완전히 치유되었습니다.

_ Fr. E. de R. 미국 뉴욕

……선생님도 아시겠지만 새로운 발견이 있어도 이를 적용하기를 주저하며 망설이는 것이 우리 의사라는 사람들입니다. 또한 일단 적용하기로 마음먹어도 이를 철저하게 검증해보는 사람들이기도 하죠. 따라서 선생님의 병원을 매일 관찰해 보니, 병든 이들이 다시 건강해 지고, 삶의 의욕

과 생활의 기쁨을 다시 찾는 것이 내게는 일종의 계시처럼 느껴졌습니다. 특히 말더듬이에 대한 선생님의 치료법이 나에게 깊은 인상을 남겼습니다. 그 이유는 나 자신도 그러한 환자들을 치료해본 적이 있지만 대부분 몇 달이 지나도 아무런 효과가 없었기 때문입니다. 이 환자들이 선생님의 치료를 통하여 분명하고 쉬운 어조로 또박또박 말을 할 수 있는 것에 대하여 마치 기적 같아서 아주 놀랐습니다. 또한 그것은 일시적인 현상이 아니라는 것이 증명되었습니다. 아마 일시적인 현상이려니 의심하며 선생님이 없는 사이에 그들에게 대화를 시켜보니 아무 문제없이 말을 했기 때문입니다.

_ C 의사. 미국 뉴욕

　선생님이 제게 베풀어주신 방문치료에 감사편지를 드립니다. 저는 난치성 신경 쇠약을 동반한 신경성 우울증을 앓던 사람이었습니다. 일상생활을 해나가기가 불가능했던 사람이었죠. 그러던 차에 선생님이 쓴 책에 관한 기사가 실린 잡지를 발견하게 되었고 구매를 하게 되었죠. 그 기사를 읽었고 그 안에 언급된 자기암시법을 실천했더니 곧바로 상태가 나아지는 효과를 보았습니다. 이제 나는 건강을 되찾았고 명랑해졌으며 즐거운 생활을 하는 낙천적인 사람이 되었습니다. 나는 선생님의 자기암시법을 많은 사람들에게 추천을 했고 이 방법을 통하여 대부분의 사람들이 많은 혜택을 보았습니다.

_ P. F., 호주 캔리 베일

자기암시를
돕는
몇 가지
수행법

사람들은 늘 '노력'이 중요하다고 외친다.

그러나 이는 잘못된 것이다.

노력은 의지를 의미한다.

의지는 의도와 반대되는 결과에 대한

상상을 일으키기 때문에

원했던 것과 정반대의 결과를 얻게 만든다.

이번 장에서는 〈자기암시〉와 함께 실행하면 좋을 생활 속의 수행법 몇 가지를 소개합니다. 세상에는 수많은 자기계발 프로그램이 있습니다. 그 방법들 중에 우열은 없으며 중요한 것은 어떤 방법이 자신의 성격이나 상황에 적합한가입니다. 자신에게 맞는 방법을 선택해 믿음을 가지고 반복적으로 수행할 수 있다면 그것이 가장 훌륭한 프로그램입니다. 결국 반복은 습관을 낳고 그 습관이 의식적이든 무의식적이든 삶의 방향을 이끌어가기 때문입니다.

마르크 오렐의
의식적 자기암시 수행법

Day by day, in Everyway, I am getting better and better

다음은 마르크 오렐(Marc-Aurele)이 권하는 자기암시 수
행법이다.

1. 스스로에게 질문을 던지고, 목표를 정하라

먼저 몇 가지 질문을 던져 보라.

"내 인생은 어떻게 돌아가고 있는가?"

"삶의 목표는 과연 있는가?"

이런 질문을 통해 자신이 어떤 길을 선택하느냐에 따라
목표의 실현 여부가 결정된다. 만일 삶의 목표가 없다면 없
는 목표에 도달할 방법도 없다.

"왜 나는 발전해야만 하는가?"

이 질문에 스스로 대답해 보고 삶을 변화시키기 위해 무엇을 할 수 있는지 찾아보라. 마음에 없는 것으로 스스로를 속이지 말라. 그러면 무의식은 당신을 계속 방해할 뿐이다. 무엇보다 자신감을 가지고 출발하라.

2. 긴장을 풀라

긴장이 풀린 이완 상태에서 던지는 암시가 더 효과적이다. 그래야만 무의식에 도달할 수 있기 때문이다. 깊은 호흡을 통해 몸을 이완시키고, 이렇게 말하라.

"나는 차츰 고요해지고 있다. 고요해지고 있다."

3. 상상하라

원하는 상태를 가능한 모든 감각을 이용하여 상상하라. 시각, 촉각, 후각, 청각을 동원하여 가능한 구체적으로 원하는 상태를 상상하라.

4. 집중하라

처음에는 마음으로, 그 다음에는 말을 통해 자신의 상상이 실현되어 성공으로 나아간다고 계속 상상하라.

5. 매일 긍정적인 암시를 반복하라

'이루어진다. 일어날 것이다. 얻을 수 있다. 치료될 것이다'라고 반복하라. 의심하지 말고 결과를 조급하게 기다리지 말라. 반대의 결과를 만들어 내는 의식적인 노력을 하지 말라. 상상의 결과는 상상의 힘으로 발현된다.

6. 늘 유지하라

암시의 상태를 유지하라.

"나는 날마다, 모든 면에서, 점점 더 좋아지고 있다. 좋아지고 있다."

낮은 목소리로 아침, 저녁으로 스무 번씩 반복하라. 몸과 마음에 선언하라. 우리의 무의식 전체가 이 간단한 긍정의 선언을 이루어갈 것이다.

습관을 바꿔야
인생이 바뀐다

Day by day, in Everyway, I am getting better and better

1. 구체적인 것을 바꾸어라

정말 변하고자 한다면 구체적으로 눈에 보이는 것을 바꾸는 것으로 시작하라. 구체적으로 바뀌는 것이 눈에 보이면 그것을 빌미로 자신에게 자극을 주고 태도의 변화를 가져올 수 있다. 의식을 바꾸는 건 힘들지만 옷차림은 바꾸기 쉽다. 전신거울을 놓고 옷차림에 신경을 써서 입고 신발을 깨끗이 닦아서 신어라. 그것이 자신감의 시작이다.

2. 무심히 반복하고 있는 무언가를 끊어보라

생각해보면 아무런 의도도 없고 이득도 없는데 시간만

차지하는 일이 있다. 그런 일을 과감히 끊어라. 그래야 새로운 것이 들어올 자리가 생긴다. 빈 곳이 없으면 새 것이 들어올 수 없다.

3. '운이 좋다'고 소리 내어 말하라

자신에게 달갑지 않은 일이 생겼어도 일단은 '운이 좋다'고 생각하라. 억지로라도 소리 내어 말하면 더욱 효과적이다. 그러면 뇌가 스스로 운이 좋은 점을 찾기 시작한다. 이런 과정을 통해 자동적으로 좋은 운을 불러들이는 습관을 가질 수 있다.

4. 다른 사람의 성공을 도와라

혼자서 성공하는 사람은 없다. 성공도 다른 사람들의 인정을 통해 이루어지고 명성도 그들의 인정으로 얻어진다. 정말 성공하고 싶다면 다른 사람의 성공을 도와라. 그러면 자신도 성장하고 다른 사람들의 인정도 받게 되어 성공의 계기가 만들어진다.

5. 상대방을 웃게 만들어라

어떤 상황에서도 유머를 발휘할 줄 알고 분위기를 전환시킬 수 있어야 한다. 일단 웃고 나면 나쁜 생각이나 감정이 날아가고 기분이 전환되어 좋은 아이디어가 떠오르기도 하고 자신감도 생긴다. 상대방과 함께 웃으면 친밀감과 공감대를 형성하기 쉽다.

6. 매일 감사하라

오늘 그다지 행복한 일이 없었더라도 혹은 실패를 경험했다 하더라도 그 일을 감사하라. 살아있는 것, 계속 무엇인가를 할 수 있는 기회가 있다는 것, 나와 함께하는 사람들이 있다는 것들에 늘 감사하라.

새로운 나를 위한
10가지 습관

Day by day, in Everyway, I am getting better and better

존 토드(John Todd)는 목회자로서, 사회의 일원으로서 평생을 타인을 위해 헌신하며 보냈으며, 특히 젊은이들에게 꿈과 희망을 심어주는 데 주력했다. 그는 사람의 가치를 결정하는 것은 마음이며 마음을 결정하는 것은 습관이라고 주장했다. 다음은 그가 『행복을 부르는 마법의 법칙』에서 제시한, 올바른 인생을 위해 익혀야 하는 습관들이다.

1. 매일 계획을 세우는 습관

2. 포기하지 않고 노력하는 습관

3. 인내를 기르는 습관

4. 시간을 아끼는 습관

5. 일찍 일어나는 습관

6. 만나는 사람 모두로부터 무엇인가를 배우는 습관

7. 생각, 행동에 자기 나름의 기준을 갖는 습관

8. 무엇이든지 성실히 처리하는 습관

9. 감정을 억제하는 습관

10. 주변 사람들을 소중하게 여기는 습관

새로운 나를 위한
13가지 행동 규칙

Day by day, in Everyway, I am getting better and better

벤자민 프랭클린(Benjamin Franklin)은 자기 향상과 행복을 위해 좋은 습관을 만들고자 했다. 그는 자신의 자서전에서 이렇게 고백했다.

"나는 도덕적으로 완전한 인간이 되겠다는 대담하고 원대한 계획을 세웠다. 나의 성격이나 습관의 유혹에 지지 않음으로써 어떠한 실수도 범하지 않고 살아가고 싶었기 때문이다.

나는 선악을 판단하는 나만의 기준을 세워 선을 행하려 했다. 그러나 얼마 지나지 않아 중요한 사실을 깨달았다. 선에 마음을 집중하고 있으면 악에 대한 저항력이 사라진다는 점이었다. 머리로 분별하는 이성보다 타고난 감정이 강했고 악은 그 속으로 슬그머니 찾아온다.

나는 도덕적으로 결점 없는 인간이 되는 것만으로는 인생의 성공을 거둘 수 없다는 것을 알았다. 또한 선의 크기와 같은 비중으로 버티고 있는 악을 물리치기 위해서라도 생각과 행동의 규범이 되는 좋은 습관을 확립하는 것이 얼마나 중요한가도 깨달았다."

프랭클린은 생각과 행동의 규범이 되는 좋은 습관으로 다음 열세 가지를 꼽았다.

1. 질서 : 소유물 전체를 가지런히 정리한다. 모든 일에 시간을 정한다.
2. 결단력 : 가능하다고 판단되는 일은 반드시 행한다. 반드시 성공시킨다.
3. 근면 : 한순간도 헛되이 하지 말고 항상 부지런히 일한다. 불필요한 행동은 하지 않는다.
4. 성실 : 거짓말을 하지 않는다. 남을 속이지 않는다. 나쁜 것은 생각하지 않는다.

5. 절제 : 너무 많이 먹지 않는다. 너무 많이 마시지 않는다.

6. 온화 : 사악한 감정은 갖지 않는다.

7. 검약 : 돈은 써야 할 것 외에는 쓰지 않는다.

8. 품격 : 항상 뜻을 높게 갖고 말과 행동을 안정시킨다.

9. 정의 : 타인에게 상처를 주거나 타인에게 이익이 되는 것을 고의로 방해하는 등의 부정한 일은 하지 않는다.

10. 청결 : 몸도 옷도 집안도 깨끗이 한다.

11. 평정 : 사소한 것으로 마음을 어지럽히지 않는다.

12. 겸허 : 힘을 과신하지 않고, 작은 일에서도 배우는 자세를 잃지 않는다.

13. 침묵 : 남을 위해 그리고 나를 위해 이익이 되는 말 외에는 하지 않는다. 특히 칼로 찌르듯 날카로운 말은 삼간다.

프랭클린은 이상과 같이 열세 가지 항목을 정하고 이를 실천하기 위하여 다시 세부 항목을 만들었다. 그리고 이 세부 사항을 계속 실천해 나가는 한편 한 주에 한 번 전체를 세밀히 점검했다.

조용한 믿음을
가져라

Day by day, in Everyway, I am getting better and better

진정으로 강한 것은 조용한 믿음이다

마음이 단련되어 있는 사람은 즐거움이나 평안함을 좇아 건전한 독서를 하거나, 보는 것만으로도 마음이 따뜻해지는 친구를 만난다. 그것들이 주변의 나쁜 유혹들을 물리치도록 도와주는 좋은 울타리가 되기 때문이다.

유혹을 이겨내면 그때까지 마음의 흐름을 막고 있던 장애물이 일시에 제거되고 평안이 깃든다. 그리고 진정한 자신을 발견하게 된다. 사소한 일에 흥분하거나, 작은 실수에 당황하거나, 별것도 아닌 일에 소란을 피운다는 것은 그만큼 약하다는 증거다. 진정으로 강한 자는 마음이 굳건하여 세상일에 온화한 자세를 견지한다.

요란스럽다고 강한 것은 아니다

폭풍은 집을 무너뜨리고 나무들을 송두리째 뽑아 넘길 듯 사납게 으르렁거리지만, 지나간 자리에는 어수선함만이 남는다. 천둥이나 번개는 소란스럽기 그지없지만 조용한 대지의 힘과는 비교할 바가 아니다. 대지는 폭풍이 할퀴고 간 상처들을 아무렇지도 않게 원래의 상태로 되돌려 놓는다.

우리 인간도 마찬가지다. 요란스럽게 호들갑을 떠는 사람은 주변을 헝클어 놓을 뿐 어느 것 하나 제대로 완성하지 못한다. 그는 강한 것처럼 보이나 실상 가장 약한 사람이다.

인류에게 진정한 번영을 가져다 준 사람들은 대부분 동요하지 않는 마음과 조용한 용기를 가진 사람들이었다. 그들의 끈기 있는 정신적인 싸움이 자유를 쟁취한 것이다.

그들은 스스로가 정의롭지만 힘겨운 싸움을 하고 있다는 것을 알고 있었다. 하지만 정의는 반드시 이긴다는 것을 굳게 믿고 있었으므로 중요한 신념을 붙들고 자신의 길을 개척해 갔다.

긍정적인 생각을
가져라

Day by day, in Everyway, I am getting better and better

언젠가 한 잡지사에서 독자들에게 경제동향에 관한 설문조사를 한 일이 있다. 그 설문조사의 응답자들 가운데 22%는 경제가 불황의 초기 단계에 있다고 대답했고, 같은 수의 응답자들은 경기가 회복되고 있는 중이라고 대답했다.

그들의 대답은 모두 옳았다.

자기계발의 선구자인 얼 나이팅게일(Earl Nightingale)은 이렇게 말했다.

"당신의 마음은 지금 당신이 생각하는 방향으로 움직이게 돼 있다."

자신이 의도적으로 무언가를 잊으려 할지라도 그렇게 되지 않는다. 사람은 자동적으로 생각하는 것을 따라가고 그에 지배당하게 되어 있다. 만일 어려운 문제에 부딪혔다면 지속적으로 긍정적인 생각을 하면 어려운 상황을 극복해 낼 방법을 찾을 수 있다.

하지만 그렇다고 어려운 상황들이 즉시, 모두 없어지는 것은 아니다. 상황을 극복하고 반전시키기 위해 노력하는 일이 남아 있다. 위기는 누구에게나 온다. 회복의 기회와 희망을 선택할 것인지, 절망에 빠져 세상을 원망하는 것을 선택할 것인지는 오로지 자신에게 달려 있다.

어떤 예기치 않은 상황에 부딪혔을 경우, 그 상황을 긍정적으로 보든지 부정적으로 보든지 간에 '왜 하필이면 내가 이런 일을 당해야 하는 거야?' 하고 포기하지 마라.

'이 일로 인해서 내가 얻을 수 있는 유익한 것은 무엇인가?' 또는 '내가 이 상황에서 배울 수 있는 것은 무엇인가?'라는 긍정적인 인식으로 어려운 상황과 정면으로 마주 보아야만 해답을 찾을 수 있다.

"지금 당신이 서 있는 곳은 당신의 생각이 이끌어준 곳

이다. 내일도 당신은 당신의 생각이 이끄는 곳에 서 있을 것
이다."

_ 제임스 앨런(James Allen)

삶의 이유를
만들어라

Day by day, in Everyway, I am getting better and better

어떤 신부가 배가 몹시 아파서 의사를 찾아갔다. 의사는 침통한 표정으로 암에 걸렸는데 너무 늦어서 오래 살 수 없으니 돌아가 떠날 준비를 하라고 말했다. 의사의 말대로 기꺼이 떠날 준비를 끝낸 신부는 마지막으로 평소 가보고 싶었던 멕시코의 한 교회를 찾아가고 싶었다.

마침내 그 교회에 가까이 이르렀을 때, 신부는 한 소년이 그 교회에서 헌금상자를 훔쳐 나오는 것을 보게 되었다. 신부가 그 소년을 잡고 왜 교회 물건을 도둑질했느냐고 야단을 치자 소년은 굶고 있는 고아친구들의 먹을 것을 사려고 헌금상자를 훔쳤다고 울먹였다. 신부는 소년의 이야기를 들고 마음이 너무 아팠다. 신부는 그들을 직접 보기 위해 그 소년을 앞장세워 마을을 찾았다.

신부는 마을사람들과 고아들이 너무나 가난하고 고단하게 사는 것을 보고 그들을 위해 헌신하겠다고 마음먹고 그곳에서 직접 고아원을 시작했다. 그리고 신기하게도 신부의 생명은 이후 계속 연장되어 25년이 넘게 고아원을 운영했다.

사람들은 왜 각기 다르게 늙어갈까? 어떤 사람은 삶을 포기한 채 생이 끝나기만을 기다리고, 또 어떤 사람은 끊임없이 활동적이고 강인한 삶을 유지한다. 그들의 이런 차이를 만드는 것은 무엇일까?

그 차이는 목표를 가지고 있느냐 없느냐에 있다. 아침이 되면 잠자리에서 일어나야 할 이유를 가지고 있어야 한다. 또한 자기 자신뿐만 아니라 '우리'를 계속 생각하게 만들어 주는 이유를 가지고 있어야 한다.

"명확한 목적이 있는 사람은 가장 험난한 길에서조차도 앞으로 나아가고, 아무런 목적이 없는 사람은 가장 순탄한 길에서조차도 한 발도 나아가지 못한다."

_ 토머스 카알라일

생각을
감독하라

Day by day, in Everyway, I am getting better and better

우리는 생각을 멈출 수가 없다. 긴장이 완전히 풀린 상
태에서도 생각은 완전히 멈춰지지 않는다. 다만 생각의 속
도만 느려질 뿐이다. 그리고 그 끊임없는 생각이 이제는 걱
정과 근심의 원천이 되었다.

그러나 심리학자인 조지 월턴(George Walton)은 『왜 걱정
하는가?(why worry?)』란 책에서 이렇게 말한다.

"걱정의 40%는 절대로 현실에서 일어나지 않는다. 걱정
의 30%는 이미 일어난 일에 대한 것이다. 걱정의 22%는 사
소한 것이다. 걱정의 4%는 우리가 어쩔 수 없는 것이다. 나
머지 4%는 우리 힘으로 바꿀 수 있는 것이다."

해결할 수도 없는 여러 가지 걱정은 우리를 늘 불안에 시달리게 하고, 사실은 충분히 누릴 수 있는 행복이 있음에도 불구하고 자신이 불행한 삶을 살고 있다고 느끼게 한다.

아인슈타인이나 미국의 대통령이나 거리의 노숙자나 모든 사람의 뇌는 똑같은 메커니즘으로 작동한다. 모든 사람의 뇌는 10억분의 1초 만에 머릿속을 떠도는 10억 가지 기억사항을 훑어 한 가지 개념이나 생각으로 응축한다. 이런 면에서 모든 사람들은 똑같이 위대한 능력이나 탁월한 재능을 발휘할 수 있다.

그러나 이런 뇌에서 일어나는 생각을 제대로 감독하지 못하면 끊임없는 불안과 근심, 피로감에 시달릴 뿐이다. 이런 상태에서 벗어나기 위해서는 다음의 세 단계를 거쳐 자신의 생각을 감독해야 한다.

의심하기

부정적인 생각이 일어날 때는 반드시 그 생각을 의심해야 한다. 우리가 믿는 것이 우리를 통제한다. 따라서 마음을 괴롭히는 모든 것을 의심해야 한다. 나는 성공할 수 없다,

나는 결국 실패할 것이다라는 거짓되고 부정적인 생각을 당당하게 의심하라.

비판하기

자신의 의지와 상관없이 일어나는 주장과 생각들은 냉철하게 비판하라. 머릿속에 떠오르는 생각을 무조건 받아들일 필요는 없다. 특히나 이런 판단은 자신이 아니면 다른 누구도 해줄 수 없는 것이다. 불쑥불쑥 일어나는 생각이 부정적인 것인지 긍정적인 것인지를 판단하고 부정적인 생각이 가속화되지 않도록 차단해야 한다.

결심하기

적극적이고 행복한 삶을 살기 위해 방해하는 모든 것들과 싸울 것을 결심하라. 계속되는 갈등 상황에 시달리기보다 단호하게 싸우기로 결심하면, 근거 없는 부정적인 생각들은 하나 둘 사라지고 어떻게 살아야 할지가 명확해진다.

마음먹었을 때
바로 시작하라

Day by day, in Everyway, I am getting better and better

제과회사의 창립자이자 자기계발에 관한 명 연설가였던 아모스(Amos)가 강연을 마치고 나오는데 한 여성이 그에게 다가와 이렇게 말했다.

"만일 제가 이 나이에 로스쿨에 입학하여 졸업하게 되면 55세가 됩니다. 그런데도 지금 공부를 해야 할지 고민이 됩니다."

아모스는 그 여인에게 대답했다.

"만일 지금 하지 않는다면, 더 나이가 들어서도 똑같은 고민을 하고 있는 자신을 만나게 될 겁니다."

만일 뭔가에 도전하고 싶지만 너무 늦었다고 생각된다면 5년 후, 혹은 10년 후에도 같은 생각으로 후회하고 있지는 않을지 생각해 보라.

자신에게 이런 질문을 던져 보라.

"꼭 하고 싶었지만 항상 미루어 오던 일이 하나 있다. 그것은 무엇인가?"

그리고 이렇게도 물어 보라.

"지금 아니면 언제 할 수 있을까?"

지금까지 살아온 방식을 유지하는 것이 가장 편하다. 그러나 그런 태도는 진정 자신이 원하는 행복한 삶으로 나아가는 것을 방해하고 자신의 능력을 충분히 발휘하지 못하게 제동을 건다. 지금보다 나은 삶을 원한다면, 반드시 이루고 싶은 일이 있다면 그레이스 호페의 다음 말을 되뇌어 보라.

"우리에게 가장 큰 피해를 끼친 말은 '지금까지 항상 그렇게 해 왔어'라는 말이다."

긍정적인
질문을 하라

Day by day, in Everyway, I am getting better and better

우리는 누군가에게 끊임없이 질문을 던지며 산다. 그런데 이 질문하는 방법을 조금 바꿀 필요가 있다. 자신을 낙심하게 만드는 질문은 의식적으로 피하고, 기운을 북돋워주는 질문을 해보라.

우리가 자신에게 던지는 질문 가운데는 자기 인생에 전혀 도움이 되지 않는 질문들이 있다.

이를테면 이런 것이다.

"왜 하필이면 나야?"

"왜 나는 이런 병에 걸린 거지?"

"나는 왜 더 나은 직장을 구하지 못하는 거지?"

"왜 나는 데이트도 못하는 거지?"

이런 식의 물음은 자신을 불행하게 만든다. 이런 부정적인 질문은, 하려고 하는 것이 무엇이든-쉬운 것이든, 조금만 노력하면 충분히 할 수 있는 것이든-할 수 없게 만든다. 또 이런 식의 질문은 답이 없기 때문에 계속 반복하게 되고 스스로 지치게 만든다.

같은 질문을 바꿔서 다시 던져보자.

"내가 그 일을 할 수 있는 사람이라는 걸까?"

"어떻게 해야 이 병이 나을 수 있을까?"

"어떤 능력을 갖춰야 좀 더 나은 직장을 구할 수 있을까?"

"데이트를 하려면 어떻게 상대방에게 호감을 주어야 할까?"

이런 방식으로 꾸준히 자신에게 긍정적인 질문을 하면 우리의 머리는 적극적으로 뭔가 새로운 해결책을 찾기 위해

움직이게 된다. 그러면서 문제를 해결하기 위한 답을 찾게
되는 것은 물론이고 그러는 사이에 이전보다 생동감 있는
사람으로 변화하게 될 것이다.

스트레스를
지배하라

Day by day, in Everyway, I am getting better and better

/

　인간은 살아가면서 누구나 스트레스를 경험한다. 스트레스는 살아 움직이고 있다는 증거이기도 하다. 따라서 스트레스 자체를 없앨 수는 없다. 중요한 것은 스트레스에 대처하는 내성을 기르는 것이다.

　스트레스는 혈관을 수축시켜서 심장질환을 유발하기도 하고 면역체계를 약화시키기도 한다고 알려져 있다. 이외에도 스트레스는 일상적으로 사람의 정신과 육체에 광범위하고 막대한 영향을 미친다. 하지만 모든 스트레스가 다 나쁜 것은 아니다. 일정한 스트레스는 정신력을 고양시켜 일의 성과를 더욱 촉진시키기도 하고 숨겨져 있던 능력을 일순간에 발휘하게도 한다. 따라서 스트레스를 지배하는 능력이 자신의 힘을 최대한 발휘할 수 있는 비법이 되기도 한다.

명상 지도자인 에크낫 이스워런(Eknath Easwaran)은 스트레스에 대해 이렇게 말한다.

"스트레스를 피하려 애쓰지 마세요. 그럴수록 더욱 강한 스트레스가 밀려올 것입니다. 삶을 향해 '나는 널 두려워하지 않는다. 어떤 것이 닥쳐와도 상관없어. 나는 그것을 최대한 이용할 테니까'라고 말하는 습관을 기르십시오. 그러면 이상하게도 삶은 '아, 그럼 맘에 드시는 걸 골라보세요' 하면서 굽히고 다가옵니다. 삶의 문제들은 '저 밖'에 있지 않고 '이 안'에 있습니다. 모든 것이 마음에 의해 결정되는 것입니다. 아무리 능력이 있는 사람이라도 나는 할 수 없다고 생각하면 무능한 사람이 되어 버립니다. 어떤 문제든 스스로 이겨낼 수 없다고 믿으면 아무리 작은 문제라도 극복해낼 수 없게 됩니다. 이런 부정적 사고는 누구라도 적절하게 할 수 있는 행동을 막아 버립니다. 어렵고 힘든 상황이 우리에게 해로운 것만은 아닙니다. 사실 시련은 우리의 건강에 유익하다고까지 말할 수 있습니다. 시련에 맞서는 것은 질병의 극복에도 도움이 되고 강한 기운을 얻게 될 뿐 아니라,

그것을 기반으로 스트레스를 이겨내고 성공을 이룰 수도 있습니다."

스트레스를 회피하지 않고 중압감을 받을 때 오히려 최상의 능력을 발휘하고 폭풍우 한가운데서 오히려 평온하고 침착하고 창의적인 사람이 되는 것이다. 지금 실제로 스트레스를 받고 있다면 스트레스를 주는 일로부터 잠시 떨어져 나와 편안한 상태로 조용한 시간을 갖거나, 30분 이상 홀로 걸어보는 것도 스트레스를 이겨나가는 데 현실적인 도움이 된다.

현실을 있는 그대로
받아들여라

Day by day, in Everyway, I am getting better and better

자신의 힘으로 변화시킬 수 없는 것들은 항상 있기 마련이다. 돈을 벌기 위해 하고 싶지 않은 일을 할 수도 있고, 하고 싶은 일을 하고 있지만 돈 문제로 시달릴 수도 있다. 이때문에 늘 불평을 하면서 시간을 보내거나 불안에 싸여 생활할 수도 있다. 어느 경우든 상황을 당장 바꿀 수는 없기때문에 만성적인 스트레스에서 벗어나기 어렵다.

만약 이런 상황이라면 마냥 불평과 불안에 싸여 있기보다는 이런 상황을 개선하기 위해 시도하는 편이 낫다. 좀 더보수가 많은 직장으로 가길 원한다면 자신을 업그레이드하기 위한 기술과 정보를 익히고 배워라. 이직을 원한다면 어떤 일을 하고 싶은지, 그 일을 하기 위해서는 구체적으로 어떤 자격과 능력이 필요한지를 파악하고 그것을 얻기 위해 시간과 금전을 적극적으로 투자하라.

그러나 이에 앞서 해야 할 가장 중요한 것이 있다. 더 행복하고 더 성공적인 삶을 원한다면, 스스로 변화시킬 수 있는 것과 변화시킬 수 없는 것을 냉정하게 받아들이는 법을 배워야 한다.

변화시킬 수 없는 것에 매달리지 마라. 그것은 쓰디쓴 좌절만 맛보게 할 뿐 아니라 변화시킬 수 있는 일을 시작할 수 있는 시간과, 즐겁게 했을 때 얻을 수 있는 실제적 성과와 정신적 만족감까지 빼앗아가는 것이다.

할 수 없는 일에 매달리는 대신, 변화시킬 수 있는 것을 변화시키기 위해서 시간과 열정을 집중적으로 투자하라. 자기가 갖고 있지 않은 재능 때문에 근심하지 말고 자기가 가진 재능을 발견하는 것이 중요하다. 자신의 가치는 자신이 만드는 틀에 의해 결정된다. 많은 사람이 실패하는 것은 자신이 갖고 있는 능력을 과소평가하기 때문이다. 능력 자체가 중요한 것이 아니라 자신의 능력을 정확히 알고 찾아낸 사람은 그것을 갈고 닦음으로써 더욱 큰일을 해낼 수 있기 때문이다.

　"바꿀 수 없는 것은 평화롭게 받아들이는 마음과, 바꿀 수 있는 것은 과감하게 바꾸는 용기와 그것들을 구별할 수 있는 지혜를 주소서!"

_ 말로 모간(Marlo Morgan)

적극적으로
변화하라

Day by day, in Everyway, I am getting better and better

1. 긍정적 · 적극적으로 사고하라

'하지 않으면 안 된다'는 생각에서, '내가 선택했다. 잘 해낼 수 있다'는 적극적인 생각으로 바꾸도록 하라. 또, 실 패를 두려워하는 생각보다는 성공하는 긍정적인 상상을 하 라. 실패를 생각하면 실패하게 되고, 성공을 생각하면 성공 하게 되어 있다. 적극적이고 긍정적인 사고는 실패를 성공 으로 가기 위한 경험이라고 생각하게 한다.

2. 생각났을 때 바로 행동하라

해야 할 일은 지금 당장 하라. 내일로 미루지 말라. 조금 있다 하겠다거나 내일 하겠다는 식으로 조금씩 미루지 말라. 그것은 개운치 않은 기분을 연장시킬 뿐이다. 어차피 해야 할 일이라면 당장 시작해서 빨리 끝내 놓는 것이 즐거움을 연장하는 방법이다.

3. 고쳐야 될 습관의 목록을 만들어라

평소에 자기가 고쳐야겠다고 생각하고 있던 버릇이나 습관의 목록을 만들어라. 그리고 어떻게 하면 고칠 수 있을지 그 방법을 목록에 같이 적어라. 이 목록을 가지고 다니면서 수시로 체크하라. 성공을 부르는 습관은 결코 하루아침에 만들어지는 것이 아니다.

4. 자신에게 투자하라

심지 않고 거둘 수는 없다. 자기계발을 위해서는 경제적인 지출이 있기 마련이다. 성공을 위해 꼭 필요한 투자라고 판단되면 과감하게 투자하라. 지갑을 털어서 머릿속에 집어넣으면, 누구도 훔쳐갈 수 없다.

5. 30분 일찍 시작하라

내일 아침부터 30분 일찍 시작하도록 하라. 그리고 그 30분 동안 그날 하루의 일정을 확인하고 계획을 세워라. 그리고 자신감 있게 하루를 잘 보내기 위해 자신에게 암시를 걸어라.

"오늘 일을 잘 해낼 수 있을 것이다. 오늘도 즐거운 시간들이 될 것이다."

자신을
성장시켜라

Day by day, in Everyway, I am getting better and better

1. 자신의 장점과 단점을 파악하라

종이에 '나의 장점'을 열 가지 적고, 또 한 장에는 '나의 단점'을 열 가지 적어라. 단점 가운데 세 가지를 선택해서 고치기 위해 노력하고, 나머지 일곱 가지는 머릿속에서 지워라. 혼자 하기 어렵다면 도움을 줄 수 있는 사람을 찾아라.

열 가지의 장점은 몸에 익혀두어라. 당신이 무엇을 하든지 큰 힘이 될 것이다.

2. 자신을 객관적으로 바라보라

가끔은 친구의 눈으로 또는 상사나 부하의 눈으로 자신

을 바라보라. 그리고 자신의 모습이 다른 사람들에게 어떻게 보일지 생각해보라. 사무실에 들어갈 때 사람들은 당신을 어떻게 보고 있을까? 평소의 태도를 어떻게 보고 있을까? 나는 남들에게 쉽게 다가설 수 있는 사람일까? 신경질적이거나 거만해 보이지는 않은가? 그렇게 항상 자기 자신을 객관적으로 바라보고 어떤 태도를 취할지를 결정하라.

3. 자신만의 기준을 정하라

매사에 자신의 기준을 정해서 행동하고 다른 사람과 비교하지 마라. 생활방식, 행동, 일, 관계 등에 자신만의 기준을 정해서 지키도록 하되 그 기준을 조금씩 높이 끌어 올려라.

4. 혼자 있는 시간을 가져라

하루에 30분 정도는 혼자 세상에서 가장 편한 자세로 있는 시간을 가져라. 그리고 자기의 인생은 어느 누구의 것도 아니며 바로 자신의 것이라는 생각을 일깨워라. 또한 자신의 주변에 있는 것은 오로지 당신의 눈과 마음과 몸으로 느끼는 것이 전부라는 것을 느껴라.

5. 틀에 박힌 생활에서 벗어나라

늘 하던 일만 고집하지 말고 새로운 것에 대한 호기심을 갖고 시도해 보라. 자신의 전문 분야가 아닌 것에도 관심을 갖고, 자신과 생각이 다른 사람의 의견에도 귀를 기울여라. 일주일에 하루는 TV를 꺼라. 평소에 다니지 않던 길로 다니거나 다른 교통수단을 이용해 보라. 연극이나 음악회 같은 문화생활에 시간과 돈을 투자하고 주변의 공원을 산책하거나 가까운 산에 오르는 등 걷는 것을 즐겨라.

6. 진심으로 상대방을 배려하라

상대방이 처해 있는 상황이 자신의 상황이라고 생각하고 어떤 기분일지 느껴보라. 상대방을 비판하거나 판단을 내리기 전에, 그가 왜 그러한 행동을 하게 되었는가 생각해 보라. 자신과 관련 있는 모든 사람의 입장에 서서 생각하는 것은 불가능하겠지만, 모든 가능성을 상정해 보는 것은 가능하다. 자기의 경험만이 전부인 것처럼 독단에 빠지지 말도록 하라. 이것이 바로 적극적으로 자신을 인식할 수 있는 길이다.

자신 있게
행동하라

Day by day, in Everyway, I am getting better and better

1. 몸가짐과 행동에 유의하라

주위의 동료나 친구들의 말에 구애받지 말고 항상 세련된 태도로 당당하게 행동하라. 몸가짐과 생활 태도처럼 밖으로 보이는 모습은 자기 자신이 스스로에 대해 어떤 이미지를 가지고 있는지를 보여준다.

2. 눈에 띄는 자리에 앉아라

어떤 자리에서든 가장 눈에 띄는 자리에 가슴을 펴고 앉아라. 강의나 회의, 식당 등 어떤 자리에서도 그렇게 하라. 그런 자리를 거북해하지 않는 모습은 당신을 처음 본 사람에게도 깊은 인상을 남길 것이다.

3. 당당하게 걸어라

언제 어디서나 등을 곧게 펴고 당당하게 걸어라. 시간적
인 여유가 있어도 느리게, 구부정한 자세로 걷지 말라. 곧고
당당한 자세로 시원스럽게 걷는 모습은 다른 사람들에게도
활달하고 의욕적인 사람으로 보이게 하지만 무엇보다 스스
로에게 자신감을 불어넣는다.

4. 여유 있고 세련되게 말하라

남들과 대화를 할 때는 자신감 넘치고 세련된 말씨로 말
하라. 자기 자신에 대해 이야기할 때는 긍정적인 단어를 많
이 사용하라. 그것이 대화를 나누는 사람들에게 은연중에
전해져서, 유쾌하고 유능한 사람으로 느끼게 해 줄 것이다.
혼잣말을 할 때도 반드시 긍정적인 단어를 사용하라. 이는
자기 자신을 존중하는 것이기도 하다.

5. 항상 웃어라

웃음은 인류 공통의 언어이다. 웃음은 상대에게 적대감

이 없으며 호감을 갖고 있다는 의사 표현이다. 또한 자신이 아주 부드럽고 여유 있는 사람이라는 것을 상대방에게 보여 주는 것이기도 하다. 진심 어린 미소는 백 마디의 말보다도 더 큰 힘을 갖고 있다. 언제나 미소를 품고 다니는 사람은 누구나 친구가 되고 싶어 한다.

성공을 부르는
말을 하라

Day by day, in Everyway, I am getting better and better

1. '할 수 있다'고 말하라

'할 수 없다'고 말하지 말라. 생각하지도 말라. 오로지 '할 수 있다'고 말하고 생각하라. 세상에 내가 할 수 없는 것은 없다고 자신에게 끊임없이 말해 주어라. 무슨 일을 진행하든 성공률이 지금보다 두 배 이상 올라갈 것이다.

2. '해 본다'가 아니라 '한다'고 말하라

무언가를 할 때 실패할 수도 있다는 것을 염두에 두고 말하지 마라. '해 본다'라고 이야기하지 말고 '한다'라고 이야기하라. '담배를 끊어 본다'와 '담배를 끊는다'는 다르다.

안 되면 할 수 없지라고 생각해서는 성공할 수 없다. 남들에게, 그리고 자기 자신에게 적극적으로 표현할수록 의지는 강해지는 법이다. 그럼에도 불구하고 실패했을 때는 깨끗이 인정하되 실패의 경험을 바탕으로 다시 시작하면 된다. 실패는 안 되는 길을 알려줌으로써 성공의 길을 조금 더 확실하게 제시해줄 것이다.

3. 전문가에게 조언을 구하라

당신이 가장 하고 싶은 분야에서 성공해 전문가의 경지에 이른 사람을 찾아가 조언을 구하라. 직접 찾아가서 대화를 나누고 조언을 구하고 그의 지혜를 배워라. 겸손한 자세로 집중해서 배우고 그 노하우를 자기 것으로 만들어라. 성공한 자신의 모습을 상상하며 의지를 불태워라. 반드시 이루게 될 것이다.

4. 두려움에 귀 기울이지 마라

두려움은 인간이라면 누구나 가지고 있는 감정이다. 특히 새로운 일을 시작할 때 갖게 되는 두려움은 자연스러운 것이다. 두려움은 너무 크면 일을 시작하지도 못하게 만들지만 반대로 좀 더 신중한 태도로 진행하게 만드는 작용을 하기도 한다. 그러므로 두려움이 생기는 것을 당연하다고 생각하라. 두려움은 두려워하는 자에게 더욱 강하게 작용하고, 자연스러운 태도로 임하면 오히려 각오와 의지를 더 단단하게 만들기도 한다.

행동하는
낙관론자가 되라

Day by day, in Everyway, I am getting better and better

1. 자기암시를 걸어라

아침에 일어나 눈을 뜨자마자 자신에게 이렇게 말해주어라. "오늘도 좋은 하루가 될 것이다. 좋은 일이 찾아올 것이고 혹시 나쁜 일이 생기더라도 극복해낼 자신이 있다. 모든 것은 나의 마음에 달려 있으므로 나는 어떤 일이든 해낼 수 있고 오늘은 좋은 하루가 될 수밖에 없다."

2. 실패도 성공의 일부라고 생각하라

하루하루 매 시간마다 우리는 성공과 실패를 넘나든다. 그래서 금방 우쭐해졌다가 한순간에 다시 좌절하기도 한다.

이것이 누구나 겪는 상황이고 감정이다. 성공적인 인생은 작은 실패에서 얼마나 빨리 벗어나느냐에 달려 있다.

위기의 상황에 부딪혔을 때는 그 상황을 객관화해서 볼 필요가 있다. 마치 내 일이 아니라 다른 사람에게 일어난 일인 것처럼 상상하고 내가 조언을 해주는 입장에 서 보는 것이다. 그러면 상황을 전체적으로 냉정하게 바라봄으로써 같은 실수를 반복하지 않을 뿐만 아니라 좌절감이나 실망감에서 쉽게 빠져나올 수 있다.

성공은 좌절의 경험을 통해서 더욱 굳건해진다는 것을 잊지 말라.

3. 최대한 느긋해져라

아무리 긴장되는 일에 부딪히더라도 여유로운 마음을 가질 수 있도록 훈련하라. 긴장감이 들거나 불안해지면 그 즉시 천천히 심호흡을 하고 차분하게 주변을 둘러보라. 자세를 고쳐 편하게 앉아서 긴장감을 풀고 목소리의 톤을 낮추어라. 한 발 물러나서 상황을 냉정하게 관찰하고 여러 가지 방향으로 해결점을 찾아보도록 하라.

4. 건강한 몸을 만들어라

적어도 일주일에 세 번은 걷기 운동이나 조깅을 하라. 탁구, 테니스, 골프와 같이 공을 치는 운동은 불안감과 스트레스를 해소시켜 준다. 또 몸에 불편한 곳이 있으면 서둘러 치료하라. 건강한 몸은 그 자체로서의 만족감도 크지만 성공적인 인생을 살아가는 데 필수적인 조건이다. 건강한 몸에서 신선하고 창의적인 아이디어가 나오는 법이다.

5. 낙관적인 사람들과 사귀어라

성공한 사람들이나 낙관적인 사람들과 사귀는 것은 낙관적인 생각을 유지하고 강화하는 가장 좋은 방법이다. 그냥 같이 있는 것이 아니라 그 사람들에게 어떤 점을 배우고 자신의 어떤 태도를 버려야 할지 생각하라. 자신의 태도에는 변화를 주지 않는 낙관주의는 실패를 연속하게 할 뿐이다.

지금 이 시간에
집중하라

Day by day, in Everyway, I am getting better and better

지나간 과거의 일에 사로잡혀 있거나, 아직 오지 않은 미래를 걱정하느라 지금 해야 할 일을 하지 않으면서 시간을 보내는 것은 너무나 어리석은 일이다.

미래에 대한 걱정 때문에 불안에 시달리거나 과거에서 비롯된 분노를 곱씹고 있는 사람은 현재의 즐거움을 충분히 즐길 수도 없고 시련에 대처할 수도 없다. 따라서 그런 사람은 현재 역시 분노의 씨앗으로 만들어 미래까지 불행하게 한다.

많은 사람들이 걱정에 시달리느라 정작 지금 해야 할 일에 집중하지 못한다.

하지만 걱정하는 것만으로 바꿀 수 있는 것은 아무것도

없다. 현실과 미래를 즐겁고 행복하게 하는 방법은 지금 있는 현실에 집중하고 충실하게 보내는 것이다.

명상지도자인 에크낫 이스워런은 더 나아가 한 번에 한 가지 일에만 집중하라고 말한다.

"한 번에 두 가지 이상의 일을 하지 마라. 아무리 사소해 보이고 충분히 가능할 것처럼 보이는 일이라도 한 가지만 하라."

한 가지 일에 몰입할 때 기쁨과 만족감을 느낄 수 있다. 두 가지 일을 한꺼번에 하는 것이 효율적으로 보일지 모르지만 그것은 어느 것 한 가지도 제대로 할 수 없을 뿐더러, 해치운다는 느낌으로 일하기 때문에 그 일을 하고 있는 시간 자체를 즐기지 못하게 한다. 아무리 많은 일을 할 수 있다고 해도 즐거움이 없으면 기계처럼 일을 처리하는 것에 불과하다. 그 시간은 아무런 유익도 즐거움도 주지 못하고 무의미한 과거로 사라질 뿐이다.

과거는 지나갔고 미래는 영원히 오지 않는다. 우리 자신이 지배할 수 있는 시간은 오로지 현재뿐이다. 현재 해야 할 일에 즐겁게 몰입하는 것이 지금은 물론이고 미래까지도 행복하게 사는 방법이다.

목표를 이루는
마음 훈련 5단계

Day by day, in Everyway, I am getting better and better

왜 소망하는 것이 이루어지지 않을까? 그것은 우리의 소망에 대립하고 맞서는 다른 생각이 있기 때문이다. 소망을 이루고자 하는 힘과 의식에 반대해서 그것을 무효화하려는 또 다른 생각이 없으면 우리 마음은 위대한 힘을 발휘한다. 마음에 바라는 소망도 쉽게 이루어진다. 심상이 이미지를 만들고 이미지는 바라던 형태가 되어 밖으로 드러나기 때문이다. 그러면 소망도 이루어지게 되는 것이다.

간절하게 바라고 있던 어떤 일이 이루어지거나, 어떤 사람 생각이 많이 났었는데 그를 만나게 되는 경험 등은 누구나 해봤을 것이다. 사람들은 그것을 우연히 이루어진 것이라고 생각하지만 그렇지가 않다. 그것은 하나의 법칙에 따라 움직인 자연적인 결과인 것이다.

의심이나 혼란, 불안, 조바심 등이 없이 마음에 소원이나 희망을 담아서 바라게 되면 그것은 순수하게 심상에 맺혀진 대로 그대로 이루어질 것이다. 그것이 이루어지는 것을 막는 방해물이 없기 때문이다.

그렇다면 당신을 약하게 만드는 마음의 혼란이나 의심은 왜 생기는 것일까? 그것은 자기 안의 힘보다 자기 밖에 더 커다란 힘이 존재하고 있다고 믿기 때문이다. 하지만 진정 강한 힘은 외부가 아니라 내부에 존재한다. 의심하고 불신하는 마음만 버린다면 내부의 힘은 외부의 어떤 조건이나 영향력보다 더 큰 능력을 발휘할 수 있다.

심상에 건강한 생각을 그려 소망을 실현하는 체계를 배우면 우리 삶에서 일어나는 그 어떤 조건도 컨트롤할 수 있게 된다.

다음은 자기계발 지도자이자 베스트셀러 작가인 존 맥도널드(John MacDonald)가 권하는 마음훈련법이다.

1. 확고한 목표를 세워라

확고한 목표를 갖는다는 건 하나의 채널에 다이얼을 맞추는 것이다. 확고한 목표가 없는 사람은 모든 채널에 다이얼을 맞추려고 하는 것과 같다. 이런 사람은 아무것도 얻을 수가 없다. 그 목표가 무엇인지는 중요하지 않다. 단 하나의 확고한 목표를 갖는 것이 중요하다. 그리고 그것을 절대로 다른 사람에게 이야기하지 말라. 오로지 혼자만 마음속에 새겨라.

2. 하루에 30분을 투자하라

매일 누구에게도 방해받지 않는 30분-1시간 정도의 시간을 가져라. 이 시간에는 다른 어떤 생각도 하지 않고 자신에게 필요하다고 생각되는 것을 마음의 모래밭에 새기듯이 써본다. 서두르지 말고 천천히 그러나 뚜렷하게 그 단어를 떠올린다. 그 단어가 나에게 어떤 의미인지를 스스로 깨달을 수 있도록 천천히 마음에 새겨 나간다.

3. 마음을 풀고 단어에 집중하라

잡념이 생기면 긴장하거나 당황하지 말고 천천히 몰아

내고 다시 한 단어에 집중하는 연습을 계속한다. 한두 번 잡념이 끼어들었다고 실패할 것이라고 의심해서는 안 된다. 지속적으로 이 단어들이 존재의 무의식까지 온전하게 스며들어 가도록 새기면 다른 것들은 다 사라지고 자신이 원하는 본질만 남게 될 것이다.

4. 가능성이 보인다고 중단하지 말라

어느 정도 집중 훈련이 되고 목표가 달성될 가능성이 보이면 그쯤에서 템포를 늦추고 쉬어가고 싶은 유혹이 생긴다. 그러나 안심하거나 방심해서는 안 된다. 안주하고 싶은 유혹에 흔들리지 말고 침착하게 마음훈련을 지속해야 한다. 씨앗이 하루아침에 꽃이 되지는 않는다는 걸 잊지 말아야 한다.

5. 방해자들에게 저항하지 말라

당신이 하는 일을 방해하는 사람은 당신을 돕는 사람이다. 따라서 그들에게 저항하지 말고 친구로 받아들여야 한다. 비판, 질투, 미움 섞인 말 등에 대항하지 말고 자신의 목표만을 향한 훈련을 꾸준히 해나가면 어느 순간 목표를 이룬 자신을 발견할 수 있을 것이다.

에밀
쿠에의
격언

부록

선한 생각이든 나쁜 생각이든

우리의 모든 생각들은 실체가 된다.

즉, 현실로 실현된다.

– ✳ – ✳ – ✳ –

병에 걸릴지도 모른다는 걱정으로 시간을 낭비하지 말라. 이런 생각은 없는 병도 만들게 된다.

– ✳ – ✳ – ✳ –

의식적인 자기암시는 자연스럽고, 단순하게, 확신을 갖고 행하라. 절대로 의지로 '노력'을 해서는 안 된다. 무의식이 한 잘못된 자기암시가 자주, 쉽게 나쁜 결과를 만들어 낼 수 있는 이유는 바로 '노력하지 않았기' 때문이다.

– ✳ – ✳ – ✳ –

당신이 원하는 것을 얻을 수 있다고 믿어라. 그것이 이치를 거스르는 일만 아니라면 반드시 얻게 된다.

- ＊ - ＊ - ＊ -

　자기 통제는 '그렇게 되고 있다'고 생각하는 것만으로도 충분하다. 손이 떨리고 다리가 후들거리면, 곧 멈출 것이라고 자신에게 말하라. 그러면 그 증세가 사라질 것이다. 시술자를 믿지 말고 당신 자신을 믿어라. 당신을 치료할 수 있는 힘은 오로지 당신 안에 있다. 나는 그저 그 힘을 사용하는 법을 알려 줄 뿐이다.

- ＊ - ＊ - ＊ -

　잘 모르는 일을 가지고 따지지 말라. 스스로를 우습게 만들 뿐이다. 기적처럼 보이는 일도 아주 자연스런 인과법칙에 의해 발생한다. 특이하게 보이는 일들은 그저 당신이 알지 못하는 원인인 것뿐이다. 당신이 그 원인을 알면, 세상에 기적이란 없다는 것을 알게 될 것이다.

- ☀ - ☀ - ☀ -

　인간의 능력 중에 가장 중요한 것은 의지가 아니라 상상이다. 의지를 훈련시켜야 한다고 주장하는 것은 큰 실수를 범하는 것이다. 의지가 아니라 상상을 다루는 법을 배워야 한다.

- ☀ - ☀ - ☀ -

　우리는 사물 그 자체가 아니라 그것을 보는 관점에 따라 판단한다. 이것이 우리가 생각하는 세상의 모순을 설명해 주는 열쇠이다.

- ＊ - ＊ - ＊ -

자신을 통제할 수 있다고 믿으면 그렇게 된다.

- ＊ - ＊ - ＊ -

선한 생각이든 나쁜 생각이든 우리의 모든 생각들은 실체가 된다. 즉 현실로 실현된다.

- ＊ - ＊ - ＊ -

우리 자신을 만드는 것은 우리 자신이지 환경이 아니다.

- * - * - * -

   '나는 성공할 거야'라는 생각으로 인생을 살아가는 사람은 꼭 성공한다. 성공을 만들어내는 데 필요한 것들을 행하게 되기 때문이다. 그런 사람은 대머리에 남아 있는 한 올의 머리카락 같은 기회가 와도 기회를 살려 성공으로 이끈다. 그는 의식적이든 무의식적이든 좋은 상황을 부른다. 반대로 성공할 수 없다고 생각하면 성공할 수 없다. 아무리 많은 기회가 찾아와도 잡을 수 없다. 손만 뻗으면 닿을 수 있는 기회조차 잡지 못한다. 스스로 그렇게 만드는 것이다. 환경을 탓하지 말고 자기 자신을 탓하라.

- ✳ – ✳ – ✳ -

　사람들은 늘 '노력'이 중요하다고 외친다. 그러나 이는 잘못된 것이다. 노력은 의지를 의미한다. 의지는 의도와 반대되는 결과에 대한 상상을 일으키기 때문에 원했던 것과 정반대의 결과를 얻게 만든다.

- ✳ – ✳ – ✳ -

　해야 할 일은 늘 쉽다고 생각하라. 그러면 불필요한 힘을 쓰지 않게 된다. 어렵다고 생각하면 필요한 것의 열 배, 스무 배의 힘을 쓰게 된다. 이것은 낭비다.

- ✳ - ✳ - ✳ -

　자기암시는 일반적으로 다른 도구들처럼 다루는 법을 익혀야 한다. 아무리 좋은 총이라도 숙련되지 않은 사람이 다루면 비극적인 결과를 만들 뿐이다. 하지만 총을 다루는 기술을 익히고 훈련하면 정확하게 과녁을 적중시킬 수 있다.

　자신감, 믿음, 인내로 다져진 의식적 자기암시는 이치에 맞는 범위 안에서 정확히 실현된다.

　자기암시를 행한 결과가 만족스럽지 못한 경우는 대체로 두 가지 이유 때문이다. 하나는 확신이 부족한 경우이고 다른 하나는 '노력'을 했기 때문이다. 물론 후자인 경우가 더 많다. 암시를 통해 좋은 결과를 얻기 위해서는 결코 노력을 해서는 안 된다. 노력은 의지의 산물이다. 의지는 머리고 상상만을 사용해야 한다.

- ✳ - ✳ - ✳ -

평생을 건강에 신경 썼지만 건강해지지 않았던 사람도 지금 즉시 자기암시를 통해 치료될 수 있다고 상상하라. 말도 안 된다고 생각하지 말라. 그렇게 했는데도 만일 제대로 되지 않았다면 그것은 상식적인 것 이상의 수준을 기했기 때문이다. 상식적인 수준이라면 조금씩 치료가 되어 완치될 것이라고 생각하라.

- ✳ - ✳ - ✳ -

치료를 하는 사람은 자기암시라는 도구를 사용할 줄 알아야 한다. 그것이 무엇이든, 어떻게 불리든, 마법이든, 주문이든, 그냥 제스처라고 불리든 환자의 회복을 바란다면 인내심을 갖고 자기암시를 권해야 한다.

- ✳ - ✳ - ✳ -

　온전히 정신적인 원인에 의한 경우를 제외하고, 모든 질병은 보통 두 가지 측면이 있다. 사실 모든 육체적 질병과 정신적 질병은 연관성이 매우 높다. 만일 어떤 질병의 원인이 육체가 1이고 정신은 1, 2, 10, 20, 50, 100 혹은 그 이상이라고 가정하면, 많은 경우 한 순간에 질병이 사라질 수 있다. 예를 들어 100의 정신적 문제가 있고 1의 육체적 문제가 있는 경우 100이 사라지면 1만이 남는다. 그러면 사람들은 기적이 일어났다고 한다. 그러나 기적이 아닌 것이다.

- ✳ - ✳ - ✳ -

　일반적인 생각과는 달리, 육체적인 질병은 정신적인 질병보다 훨씬 더 쉽게 치료될 수 있다. 뷔퐁(Buffon)은 '스타일이 곧 사람이다'라고 말했지만, 우리는 '생각하는 바가 곧 사람이다'라고 말할 수 있다. 실패에 대한 두려움은 거의 예외 없이 실패를 낳는다. 성공한다고 상상하면 성공을 낳는다. 그것으로 어떤 장애물도 극복할 수 있게 되는 것이다.

- ✳ – ✳ – ✳ –

환자를 상대하는 사람은 반드시 신념을 가지고 있어야 한다. 다른 모든 치료가 실패했을 때 효과를 나타내는 것이 바로 신념이요, 신뢰이다.

- ✳ – ✳ – ✳ –

누구인가가 아니라, 무엇이 하게 하느냐가 중요하다. 사람이 아니라 암시법이 하는 것이다.

- ✳ – ✳ – ✳ –

도덕적 영향은 치료에 많은 영향을 미친다. 의술은 그 영향력을 가장 먼저 무시했지만 이것은 의술이 저지른 실수이다. 결국 의학을 비롯한 모든 인간의 활동을 주도적으로 이끌어가는 것은 도덕의 힘이기 때문이다.

_ 루이스 레농 박사

- ✳ - ✳ - ✳ -

일반적인 생각과는 달리, 암시 혹은 자기암시를 통해 신체 장기를 치료할 수 있다. 전에는 최면요법은 신경증 치료에나 써먹는 것이라고 생각되었지만, 실은 치료 영역이 훨씬 더 크다. 최면요법은 신경계를 매개로 하여 작용하는데 신경계는 모든 신체 기관을 지배하고 있다. 근육은 신경의 명령을 따른다. 신경계는 심장에 작용하여 혈액 순환과 혈관의 팽창과 수축을 관장한다. 그러므로 건강하지 못한 기관들에 영향을 끼칠 수 있다.

_ 폴 주와르 박사

- ✳ - ✳ - ✳ -

자기암시의 위대한 원칙을 잊지 마라. 어떤 경우에도, 말도 안 되는 경우에라도 우선 낙관하라.

_ 르네 드 드라브와

- ＊ - ＊ - ＊ -

신뢰를 바탕으로 한 암시는 강인한 힘을 지닌다.

_ 파리의 A. L. 박사

- ＊ - ＊ - ＊ -

확고한 자신감과 신념을 갖고 자신을 늘 고양시켜라.
그러기 위해서는 늘 자신보다 타인의 복을 기원하는 것이
좋다.

_ 샤를 보두앵

에밀 쿠에 Emile Coue

1857년(1세)_ 2월 26일, 프랑스 트로와(Troyes)의 평범한 가정에서 태어났다. 부친은 철도회사의 직원이었다. 어린 에밀은 화학 수업에 선생님이 놀랄 만큼 총명함을 보였지만, 집안 형편이 어려워 화학 공부를 계속할 수 없었다.

1879년(23세)_ 파리에서 고단한 3년을 보낸다.

1882년(26세)_ 약제사 자격증을 취득한 뒤 트로와로 돌아와 약사로 일한다. 그는 매우 자상하고 어느 것에도 매이지 않는 성격의 소유자였다.

1885년(29세)_ 앙브로이세 오귀스트 리에보와 만나다. 리에보는 암시의 현상을 명백하게 보여준 최초의 의사로 쿠에에게 큰 영향을 주었다.

1901년(45세)_ 그는 한 환자에게 처방을 하던 중에 우연히 이른바 '위약(僞藥)효과'라 불리는 '플라시보 효과 Placebo Effect'를 확인한 뒤로 리에보와 함께 본격적으로 암시에 대해 공부한다. 그는 자신의 경험을 바탕으로 약을 파는 대신 병이 나을 수 있게끔 환자를 도울 수 있는 문구가 적힌 메모를 통해 치료를 실험한다. 그리고 이 과정을 통해 쿠에는 상상과 언어를 통한 치료의 가능성을 확신한다.

1910년(54세)_ 프랑스 낭시(Nancy)의 시의원 빅터 레몽(Victor Lemoine)의 딸인 부인의 도움으로 프랑스 낭시에 자신의 진료소를 설립하고 자기암시 요법을 이용하여 정신적 · 육체적 고통을 겪고 있는 많은 환자들을 돌보기 시작했다. 〈낭시 응용심리학회 Psychology Applied of Nancy〉를 창립한 뒤 유럽 각지를 돌며 주로 강연을 통해 자신의 요법을 전파했다. 이즈음 쿠에의 심리요법이 이름을 떨치자 이런저런 구실로 비난을 하는 사람도 생겨났다.

1922년(66세)_ 『의식적 자기암시를 통한 자기제어』라는 에세이집을 출간한다.

1923년(63세)_ 그의 자기암시 요법에 대해 프랑스보다는 오히려 미국에서 많은 관심을 보이자 쿠에는 미국에서 첫 강연회를 갖는다. 그 뒤로도 쿠에는 자신의 진료소에서 계속 환자들을 맞았다. 그의 진료소는 전 세계에서 온 수많은 사람들로 늘 북적거렸다. 『암시와 자기암시의 수행법』을 출간하다.

1926년(66세)_ 많은 도시를 돌며 강연을 하던 그는 그 해 7월 2일, 급성 폐렴으로 건강이 악화되고 끝내 자신이 평생을 바쳐 환자들을 돌본 낭시에서 눈을 감았다. 오로지 이웃을 질병과 고통으로부터 해방시키고자 하는 열망 속에서 소박하고 헌신적인 삶을 살았던 그는, 환자 개개인의 치료와 발전을 위한 가능성을 찾아내고 그들을 돕기 위해 힘썼다. 쿠에의 요법은 프랑스의 의학계로부터 외면 당했지만, 그의 부인에 의해 1954년까지 계속 전파되었다. 쿠에의 요법은 이후 유럽 각지와 미국에서 여러 형태로 정리되어 계속 실천되고 있다.